错从口出

那些我们一读就错的汉字

程玉合 著

人民邮电出版社

北京

图书在版编目（ＣＩＰ）数据

错从口出：那些我们一读就错的汉字 / 程玉合著
. ── 北京：人民邮电出版社，2023.11（2024.6重印）
ISBN 978-7-115-62750-6

Ⅰ．①错… Ⅱ．①程… Ⅲ．①汉字－通俗读物 Ⅳ．
①H12-49

中国国家版本馆CIP数据核字（2023）第178747号

内 容 提 要

牛轧糖、螺蛳粉、鳗鱼饭，别光顾着吃，这些美食你能读对吗？那、撒、解、畐
甫，读错别人的姓氏，那场面是不是很尴尬？六安、大栅栏、盱眙、番禺，这些地名
你会读吗？水獭、蜜獾、薮猫，这些可爱的小动物原来一直被叫错了？食物、姓氏、
人名、地名、动植物、词语、成语、古诗词……原来一读就错的汉字无处不在。

"不错老师"程玉合用幽默轻松的轻科普方式，向大家讲解那些生活中我们最易
读错的汉字，绝对会让你目瞪口呆：原来，挂在嘴边的字一直都读错了！

- ◆ 著　　　　程玉合
　　责任编辑　朱伊哲
　　责任印制　周昇亮
- ◆ 人民邮电出版社出版发行　　北京市丰台区成寿寺路 11 号
　　邮编　100164　　电子邮件　315@ptpress.com.cn
　　网址　https://www.ptpress.com.cn
　　临西县阅读时光印刷有限公司印刷
- ◆ 开本：880×1230　1/32
　　印张：6.5　　　　　　　　　　2023 年 11 月第 1 版
　　字数：152 千字　　　　　　　2024 年 6 月河北第 6 次印刷

定价：59.80 元

目录

捌 一读就错的成语

壹

一读就错的食物

牛轧糖
gá
~~zhá~~
~~yà~~

　　我不喜欢吃糖，对各类糖也了解不多。也许正因如此，当有一位小姑娘考我"牛轧糖怎么读"时，如她所愿，我读错了。她很快乐。

　　"是牛 zhá 糖？"

　　"不对！"

　　"难不成是牛 yà 糖？"

　　"也不对！"

　　"我敢说，很多人都不知道牛轧糖怎么读！"小姑娘说。她的话，我信。

　　举手让我看看有多少人和我一样，把牛轧糖读成牛 zhá 糖或者牛 yà 糖的。别不好意思，汉字那么多，读错几个不丢人。

　　牛轧糖的名字源于法语，是"nougat"的音译。所以，牛轧糖的正确读音是牛 gá 糖。哈哈，想不到吧！

　　牛轧糖，是用坚果与蜂蜜制成的糖果。小姑娘告诉我，牛轧糖很好吃，建议我尝尝。我还向她学了一招：把糖分享给某个朋友时，顺便也问问他牛轧糖怎么读。

蛋挞
tà tǎ

　　有一种美食的读音一度冲上微博话题热搜榜。怎么了？原来，这种美食的名称，我们一直都读错了！

　　这是哪种美食？蛋挞。

　　蛋挞？不是读蛋 tǎ 吗？读蛋 tǎ 难道有问题？也许，你会马上抛出一连串问号。

　　事实上，蛋挞不读蛋 tǎ，它的正确读音是蛋 tà。

　　挞，只有 tà 这一个读音。

　　蛋挞的"挞"，由英语"tart"音译而来。挞是一种馅料外露的馅饼，蛋挞就是以蛋浆为馅料的挞。

　　不知道为什么译者当初用了"挞"字，事实上，这个"挞"字，大家最熟悉的意思是"打"。

　　蛋挞，与"打"没有一点关系。有关系就坏了，毕竟汉语里有成语"鸡飞蛋打"。

　　音译名称一旦用了，约定俗成，一般也就不改了。

　　一直读错的读音，乍改可能不太习惯，但语言文字的规范必须遵守啊。多读几遍，也就习惯了。

果脯
fǔ
—pǔ—

桃啊，杏啊，梨啊，苹果啊，经过一定的加工，最后会变得干干的，而且还有点软，这就是果脯。很多人都喜欢吃果脯，我也喜欢。

有一段时间，我在和别人闲聊的时候，把果脯读作了果 pǔ，有人提醒我说："程老师，你读错字了，果脯不读果 pǔ，脯根本没有 pǔ 这个读音。"

我赶快去查，发现胸脯的"脯"读 pú，果脯的"脯"读 fǔ。我惭愧之余，也庆幸自己又长了知识。

果脯的"脯"的表意偏旁是肉月旁，其本义是肉干，比如兔脯是兔肉干……肉干、果干都是干，肉干叫"脯"，大概人们一联想，就把果干叫"果脯"了。

高粱饴
yí
~~tái~~

　　有一部电视剧很火，叫《父母爱情》。剧里的主人公江德福把高粱饴说成高粱台，他女儿江亚菲说了一句："你笨呀，那叫高粱 yí，不叫高粱台。"

　　这让我想起了在小时候我不多的零食里，这种常吃的软糖占重要地位。有趣的是，我身边确实有朋友像江德福一样，把高粱饴说成高粱台。

　　不过，有一部分人是真读错了，有一部分人是故意读错，就像把大别墅故意说成大别野一样。在熟人之间，把高粱饴故意错读成高粱台，也挺有意思。

　　高粱饴现在大概不多见了，小朋友们大概没有多少读错高粱饴的机会了。但大朋友们呢，看《父母爱情》这一段时，也许，你会马上忆起一段将高粱饴读成高粱台的故事。

　　转眼间，我也五十多岁了，但儿时的记忆仍然鲜活。

láo zāo
醪糟
~~liáo cáo~~
~~miáo cáo~~

醪糟是用糯米发酵制成的一种甜酒。虽然叫酒，但它并不像其他的酒那样口感刺激，而是有一股很独特的香甜味道。

我是北方人，小时候见都没见过醪糟，更别说喝了。自然，看见醪糟俩字，我踌躇了半天，也试着按自己的感觉认了，却没敢读出声来。

读错字的尴尬我有过，吃一堑长一智，我告诉自己还是慎重点好。

醪糟，你会读吗？

我相信很多朋友第一次看到醪糟的时候也不知道该怎么读，也许，你会念成 liáo cáo 或 miáo cáo。咱们读没见过的汉字，难免受已认识的汉字的影响。凡是与醪糟长得有点像的汉字都很容易影响你的判断，有时甚至会把你带进沟里。

醪糟的实际读音是 láo zāo。你读对了吗？

tun
馄饨
~~dùn~~

　　有些汉字在生活里很常见，你按一种读法读了很多年，以至于习惯成了自然。如果突然有人告诉你你把这个字读错了，你或许还不信，查查字典、词典，终于证实自己确实是读错了。

　　馄饨的"饨"，我以前就一直读成 dùn，其实这个字读作 tún，一般读轻声。

　　"馄饨"一词源自"混沌"，"混沌"是指天地未形成时那种模糊不清的状态。在古代，人们觉得这种鲜美的食物没有"七窍"，所以把它称作"混沌"。但是，食物是用来吃的啊，于是聪明的古人将"混沌"改成了"馄饨"。

　　"馄饨"两个字左边的"饣"表意义，右边的部分表读音，因而"饨"的读音源自"屯"。

kǎo

栲栳栳

~~kào~~

　　栲栳栳是山西等地用莜面精工制作的一种面食小吃，栲栳是指用柳条编成的形状像斗的容器。栲栳栳因其形状像栲栳而得名。但为什么把这种食物叫作栲栳栳呢？为什么多加一个"栳"字呢？

　　这种食物叫栲栳栳，我觉得是源自人们的幽默。"栲栳栳"与"考姥姥"谐音，"考姥姥"，怎么考？问她几个单词怎么读，让她背几首古诗吗？多加一个"栳"字，这个名字就透着一种亲切感。人们喜欢这种食物，我觉得也和这个有趣的名字有关。

　　有机会去山西吃一次栲栳栳吧，最好也带着姥姥去。到时候我们就大声地喊："服务员，上盘栲栳栳。"咱就看看姥姥脸上是什么表情。

饸饹面

~~gé lǎo~~

饸饹面，你怎么读？我一度读作 gé lǎo 面，三个字居然读错了俩，亏得"面"字我还认识，否则，我真是连面子（"面"字）也没有了。

其实，饸饹面的正确读法是 hé le 面。

饸饹面是中国北方，特别是晋、冀、鲁、豫、陕五省的一种传统特色面食。

饸饹，古称"河漏"，如今在某些地方读作"和乐""huó luǒ"。饸饹、和乐、huó luǒ，都是"河漏"一词的变读，是一个词在不同方言中的不同读法。

饸饹是在河漏的基础上产生的，而饸饹两个字，都以"饣"作为偏旁，是不是更像食物的名字了呢？而且这样一来，对"吃货"来说，饸饹的意义指向就更明显了。也许还没见到实物，你就已经流哈喇子了。

螺蛳粉

sī

shī

你吃过螺蛳粉吗？你会读"螺蛳粉"三个字吗？它们难道不是读作 luó shī fěn 吗？这个读音居然还能有问题？

螺蛳粉里有"螺蛳"这个词，而螺蛳的正确读音其实是 luó sī。

听到螺蛳，你也许会立马想到螺丝。其实，螺丝这个名称正是来源于螺蛳。工业用的螺钉有着细长的螺旋形状，很像螺蛳，人们就把这种螺钉称作螺蛳。随着时间的推移，为了书写方便，"螺蛳"逐渐成了"螺丝"。

这样一说，螺蛳粉的读音是不是一下子就变得好记了呢？

mán
鳗鱼饭
màn

　　某电视台著名主持人说自己有一次到饭店去吃饭，服务员问他点什么，主持人说鳗（mán）鱼饭。服务员应了一声："哦，màn 鱼饭。"主持人赶忙纠正："mán 鱼饭。"这下，服务员愣了，周围吃饭的人也愣了，都用怪怪的眼神看着这位主持人。

　　鳗确实读作 mán，但服务员和饭店用餐者却不知道鳗的正确读音。端了多少年的 màn 鱼饭，吃了多少年的 màn 鱼饭，怎么在你这儿却变成了 mán 鱼饭？

　　人们的疑惑可以理解，但鳗鱼饭也应该读对。

魔芋
yù
—yú—

魔芋，多年生草本植物，掌状复叶，小叶羽状分裂，花轴上部为棒形，淡黄色，下部紫红色，块茎为扁圆形。

魔芋还有很多别的名字，比如鬼芋、妖芋、蒟蒻等。魔芋经常被人读成魔 yú，其实它的正确读音是魔 yù。而蒟蒻读为 jǔ ruò。

魔芋及其别称，可能源于其长相，还可能源于它全身带毒。

据记载，我国最早食用魔芋的是西南地区的人。他们把去皮的魔芋放在石板上磨，然后用碱水进行长时间的炖煮。

因僧侣们食素，所以魔芋常出现在他们的饭桌上。后来，魔芋从中国传入日本，成为日本人喜爱的美食。

bí qi
荸荠
~~bó qí~~

我妈九十多岁了，耳朵有点背。有一次家里蒸了些荸荠，她不认识，问我是什么。我说是荸荠。

"鼻涕？吃的东西，怎么叫鼻涕啊？"我妈居然听成了鼻涕。大家一听这话都乐了，我给我妈一解释，她也乐得像个孩子。

老太太之所以把荸荠听成鼻涕，是因为荸荠和鼻涕的读音很接近。看到这儿，你也许有点纳闷儿：嗯？荸荠不是读 bó qí 吗？读音怎么会和鼻涕接近呢？

荸荠，可不读 bó qí，它的正确读音是 bí qi。你看，是不是和鼻涕读音接近？

想起荸荠和鼻涕，也许你稍有不适，希望你的食欲不会受此影响。

yán suī
芫荽
~~yuán sui~~

　　提起芫荽，很多人可能都不太熟悉，但是它的另一个名字相信很多人都知道，那就是香菜。

　　知道了芫荽就是香菜，但你未必知道芫荽的读音。也许个别朋友还会把俩字都读错。

　　芫荽应读作 yán suī，你读对了吗？

　　芫荽还有个别名叫胡荽，相传它是西汉时期张骞出使西域带回来的。

　　芫荽可提味、去腥、增香，是烧菜、煲汤的常用作料。有人还会把它种在阳台上，以便随时取用，绿油油的一片也颇为养眼。

　　可是，有些人却觉得芫荽的气味令人作呕，给它的气味贴上"臭虫味"的标签。其实芫荽的英文名称"coriander"确实有可能来源于古希腊语中的"Koris"（一种臭虫）一词。

牛蒡
bàng
páng

我是一个"吃货"，但不是一个讲究的"吃货"。比如，有些食物我吃过好几次，却不知道它们的名字。

我看到过牛蒡的介绍。它是一种营养价值非常高的食物，又称东洋参。

可当我把牛蒡的名字与食物对上号时，我是"啊"了一声的。"原来这就是牛蒡啊！"我感慨道。

我感慨的时候，周围还有别人。当时就有人提醒我："程老师啊，牛蒡的'蒡'字你读错了。"

现在，我索性也考一考你。牛蒡的"蒡"应该怎么读？有没有人读成 páng？

估计有聪明的朋友马上笑了："你当时读错，是把蒡读成 páng 了吧？"

哈哈，恭喜你，你猜对了。我把牛蒡的"蒡"读成了 páng，读错了。

其实，蒡的正确读音是 bàng。

读错字的经历，让我记住了牛蒡的读音，你记住了没有呢？

xiǎn
蚬子
~~jiàn~~

蚬子是一种河鲜，长得像河蚌，也像蛤蜊。蚬子一般呈淡棕色，两片壳很结实。

蚬子的吃法很多。如果你喜欢吃韭菜，可先把韭菜炒个半熟，然后盛在碗里；接着倒入蚬子，并放入作料炒入味；最后倒入半熟的韭菜，再翻炒几下就可以出锅了。蚬子配上绿色的韭菜，一看就十分鲜美。

蚬子做主要食材，可以炒鸡蛋、烧笋子、烧粉丝；蚬子做配料，可用在很多菜中，以提鲜增香。

蚬子好吃，名字却容易读错。记住，它的正确读音是 xiǎn 子。

花蛤 gé

~~gá~~
~~há~~

市场中有人摆摊儿卖海鲜，还竖了个牌子，上面写着各种海鲜的价格。有一个十岁左右的小男孩，跟着妈妈来到摊儿边。

"花há，每斤八元。"小男孩随口读道。

卖海鲜的师傅乐了，"孩子，你读错了，不是花há，是花gá。"

妈妈听了一愣，她看看牌子，看看师傅，又看看儿子，"其实你俩都读错了。"

"花蛤的'蛤'，不就是蛤蟆的'蛤'吗？"小男孩有点纳闷儿。

"我一直读的花gá，难道错了吗？"师傅也有点纳闷儿。

"花蛤，不读花há，也不读花gá，而是读花gé。"

小男孩吐了吐舌头，师傅赶快拿出手机查，果然，花蛤确实读作花gé。

"师傅，给我称二斤花蛤，我回家给儿子炒着吃。"妈妈高兴地说。

jīng 粳米 ~~gēng~~

大米通常分为三类：粳米、籼米、糯米。这三类大米的名字中，估计有的你读不上来。

粳米的"粳"是读 gēng 吗？籼米的"籼"读什么？糯米的"糯"又读什么？生活里读错的人不会少，特别是读错前两个。大家不妨记一下：粳米的"粳"读 jīng，籼米的"籼"读 xiān，糯米的"糯"读 nuò。

粳米外形短圆、粗厚，呈半透明状，粳米的吸水率和膨胀率不高，出饭率低，煮的时候要少放一些水，主产地在黑龙江、江苏等，一般一年一熟，口感好。常见的东北大米、江苏圆米等都属于粳米。

粳米是我国重要的主食之一，营养丰富。用粳米煮的粥适用于调养身体，很适合老人、产妇和病人食用。

芝麻糊

hù

~~hū~~

~~hú~~

糊是一个多音字，它有三个读音，分别是 hū、hú、hù。

糊读 hū，指用较浓的糊状物涂抹缝隙、窟窿或平面，如"往墙上糊（hū）一层泥"。

糊读 hú，常指用黏性物把纸、布等粘起来或粘在别的器物上，如糊（hú）信封、糊（hú）墙等；也指粥类食品。

糊读作 hù，指样子像粥的食物，如面糊（hù）、芝麻糊（hù）、辣椒糊（hù）等。

敢情是粥读 hú，像粥读 hù。

芝麻糊，我知道我一直读错了，但"我喝了一碗芝麻 hù"这句话也太拗口了。不过，语言文字的规范，我们还是需要遵从。

zhè
蔗糖
~~zhé~~

　　蔗糖，顾名思义，就是用甘蔗汁熬成的糖。

　　蔗糖的"蔗"如果读错，多半是甘蔗一词惹的祸。甘蔗读错，蔗糖也会读错；甘蔗会读，蔗糖想读错都没机会。

　　甘蔗如何读？是读甘 zhé 吗？

　　不。甘蔗的"蔗"，读 zhè。蔗糖的"蔗"，也就跟着读 zhè 了。

　　蔗糖十分常见，白砂糖、红糖等都含有蔗糖。

　　但蔗糖不宜多吃，否则不利于健康。

jiāng

豇豆

~~gāng~~

有的人根本不认识豇豆，去农贸市场买菜时，只好对菜贩说："老板，那个长的豆角多少钱一斤？"

有的人认识豇豆这种蔬菜，但不认识"豇"字，甚至把它读成 gāng。

其实，"豇"字的读音是 jiāng。豇与缸在字形上确实是有点像。

豇豆是一种豆类蔬菜，其热量和脂肪含量较低，膳食纤维含量、钾含量和维生素 E 含量较高。

比起毛豆、蚕豆等，豇豆的碳水化合物含量更低。

贰

一读就错的姓氏

Qiú
仇
~~chóu~~

"我是多么快乐的一个人啊，为什么一个劲儿地喊我'老愁'呢？"我的一个朋友，老仇调侃自己说。

仇姓不算大姓，但也并不罕见。每个仇姓人大概都有过被喊错姓氏的烦恼。

仇作姓氏的时候，你是怎么读的？是不是读成了 chóu？

仇是多音字。"仇人相见，分外眼红""君子报仇，十年不晚"，其中的"仇"读 chóu；而老仇、大仇、小仇、仇叔叔、仇大爷、仇爷爷，其中的"仇"读 qiú。

"我老愁了，告诉你，我是老'球'，不是老愁。"老仇一边说，一边笑。

还是别让"老仇们"发愁了吧。咱和仇姓人又没仇，何必老喊错人家的姓呢？是不是？

Nā
那
~~nà~~

那姓，源于春秋时期，其最开始为地名。满族、蒙古族、回族等也有那姓人。那作姓氏时，大多数人都读成 nà，实际上其正确读音应为 nā。

"那"用作姓氏时有"nā""nuó"两个读音。

"那"属于汉化改姓，如非"nuó"，则应读"nā"，不会有"nà"音。

但多少年来大家都习惯读"nà"，也许，私下里被读错姓的人解释过，纠正过，但并没有用。到最后，估计自己也懒得去努力了。

柳宗元曾经写过一篇《童区寄传》，文章写了这样一个故事：儿童区寄被两个强盗劫持后，凭着自己的勇敢机智，终于手刃二盗，保全了自己。我认为这是一篇关于儿童防拐打拐的最好的启蒙文章之一。

区寄这名字你可会读？你是不是读成了 qū 寄？真那样读可就错了。区寄其实读 ōu 寄。区作姓氏时经常读错，我们得多加注意。

区姓源于人名。区姓出自春秋时期区冶子，其是夏帝少康庶子越王无余后裔。《万姓统谱》云："区冶子之后，转为区氏，望出渤海。"

Ōu
区
~~qū~~

大学有个同学姓褕，现在我们都喊他老褕。原因无他，只是"褕"与蛋糕的"糕"，实在太像了。

其实，褕与糕并不一样：偏旁不同，一个是"米"，一个是"礻"；读音更不同，蛋糕的"糕"读 gāo，褕同学的褕读 zhuó。

所以，你要写个字条，老糕和老褕还比较容易混淆，但你真读出来，老糕和老褕的读音相差甚远。

褕姓人好像并不多，但离我们村不远处，就有个褕屯。

有一次，我们问褕同学姓褕的名人有哪些，褕同学嘿嘿一乐，一拍胸脯，"我啊。"也许多年后，褕同学真能成为名人呢。

Zhuó
褕
~~gāo~~

Sǎ

撒

—sà—

撒是一个多民族、多源流的古老姓氏。字典中标明撒作姓氏时读 sǎ。

撒贝宁是央视最具人气的电视节目主持人之一。据撒贝宁讲，在上小学时，他妈妈特别告诉老师，在叫他名字时不要带姓，担心这个字与"傻"谐音，会遭到嘲弄。

上大学时，同学们都叫他小 sà；进了电视台，同事们也称他小 sà；这样他上台自我介绍时也错读成了小 sà。

不过，很多人都觉得 sǎ 有些拗口，所以大家还是坚持称撒贝宁小 sà，一直到现在。但这种读法是不正确的。

Móu /Mù

牟

mū

姓牟的人似乎挺多的，我的同学中，光叫牟峰的就有三个。

牟姓有两种读法：móu 和 mù。

所以，遇到牟姓人时，如果你只看名字，还真不知道他姓 móu 还是 mù。

我曾经问过好几个牟姓朋友，他们大都遇到过向他人解释自己姓 móu 还是 mù 的情况。

牟是一个姓，还是这些不同读音只是一个姓氏的方音变体？

我觉得第二种情况的可能性更大。但在普通话里，牟姓到底读什么音呢？

问题很有趣，也很难回答。干脆，姓牟的人说读什么就读什么得了。

Zhái / Dí

翟

qú

翟姓有两个读音——一个读作 zhái，一个读作 dí。

翟（zhái）姓是非常古老的姓氏。据记载，春秋时期在我国中原地区有一个小国叫翟国。后来这个国家被晋国所灭，其后代子孙便以国名"翟"为姓氏。

翟（dí）姓起源于春秋早期。当时，在我国北方世代居住着少数民族狄。公元前七世纪，狄分为赤狄、白狄、长狄三部。其中白狄的一支在春秋时被晋国所灭，后代子孙就用部族名"狄"作为自己的姓氏。因狄与翟同音，族人便将其写作翟。

也有人认为，"翟"字的古体是一个象形字，原意是野鸡，为狄人的图腾标志，所以狄人以"翟"字作为自己的姓氏。

Qú

瞿

zhái

"瞿"字和"翟"字挺像的，因而在生活中，常有人把二者搞混了，比如把老瞿喊成老翟，或者把老翟喊成老瞿。

瞿姓也是非常古老的姓氏。据传，瞿氏一族最先为商朝贵族，早期主要生活在商朝都城"朝歌"一带。

我在生活中还真遇到过姓朴的人。几年前我带的班级里，有个韩国孩子就姓朴。在韩国，姓朴的人还是挺多的。

姓朴的中国人也不少，主要分布在东北地区。

那你知道朴姓该怎么读吗？记住了，朴作姓氏时读piáo。

可能有朋友有个疑问，朴姓都读piáo，那歌手朴树，怎么不读piáo树？

其实，朴树并不姓朴，他姓濮，原名濮（pú）树。为了节省笔画，他便改了一个字，起了个艺名叫朴树（朴并无pú的读音）。

Piáo
朴
~~pǔ~~

阚姓源自姜姓，原为封地名。这个姓比较少见，很多人将它读作gǎn，估计是被"敢"字带到了"沟"里。阚的正确读音为kàn。

阚姓名人有阚泽，字德润，是三国时期吴国学者、大臣。阚泽少年时家贫，但他热爱学习，知识广博，官至中书令、太子太傅，虞翻称其为"蜀之扬雄""今之仲舒"。

其实，阚泽不仅在文学上能和"汉赋四大家"之一的扬雄媲美，而且在数学上也颇有建树，尤其是对圆周率很有研究。我们所熟知的祖冲之，就是借鉴了阚泽的研究成果，才推算出了更为精确的圆周率值。

Kàn
阚
~~gǎn~~

Miào

缪

~~miù~~

~~liào~~

二十多年前，我所带的班上有个姓缪学生，他长得矮小，又有点胆小，大家都称他小缪。缪姓不多见，又和廖、谬等字形相近，于是时不时有同学喊小缪小 liào 或小 miù。

小缪也不在乎，你叫你的，我做我的。坐在课桌前，小缪一直很快乐。

我查了查缪姓，这是个很古老的姓氏，据说源自秦穆公，原来小缪出身这么"高贵"啊。

现在小缪也有四十岁了，已经是三个孩子的爸爸，大家应该都喊他老缪了吧？

请记住，小缪、老缪的缪，应读作 miào。

Chóng

种

~~zhòng~~

鲁达再入一步，踏住胸脯，提起那醋钵儿大小拳头，看着这郑屠道："洒家始投老种经略相公，做到关西五路廉访使，也不枉了叫做'镇关西'！……"扑的只一拳，正打在鼻子上，打得鲜血迸流，鼻子歪在半边，却便似开了个油酱铺……

上面这段文字熟悉吧？对，就是《水浒传》里"鲁提辖拳打镇关西"的选段。其中鲁达提到的老种经略相公的"种"，你会读吗？告诉你，种当姓氏时，不读作 zhòng，而应该读作 chóng。

种姓源于人名，其祖先是春秋时期周朝的大夫仲山甫。《姓源》云："仲山甫之后，避仇改为种。"也就是说，种姓源自仲姓，为了避仇，仲山甫的后代开始只换了一个同音字，后来可能觉得仍不安全，于是把读音也改了。

我和几个大学同学吃完饭后，同学老戴把我们带到一茶室喝茶。喝茶时，老板给了我一张名片，上面写着他的姓氏——过。

"你好，guò 总。"我赶忙问候一下。

老板冲我点头，他的微笑很温暖。

"人家姓 guō，不姓 guò。"老戴乐了，打趣我道。

我有点尴尬。老板忙说："没事，好多人都这么喊，我习惯了。"

读错姓氏的经历，让我对过总印象深刻，直到现在我还在朋友圈为他点赞呢。

一次，我和一位朋友在微信上视频聊天时，她说起她的一个同事，我问姓什么，朋友随手发来一字——折。

我乐了，"还有这姓？""程老师知道怎么读吗？"朋友问我。

我是真不知道。折是多音字，作姓氏时，是读 zhé，还是 shé？

我赶忙说不知道，朋友笑着告诉我答案：折作姓氏时，读作 shé。

朋友说，折姐人很好，并承诺有机会介绍给我认识。

不过，我该怎么称呼这位折姓朋友呢？喊她折姐？但我都五十多岁了。喊小折？听着像小蛇。最后我决定，还是喊她折老师吧。

Huà
华
~~huá~~

　　我的老家在山东禹城的西南乡，这里是禹城、齐河、高唐三县交界的地方。离我家所在的村子几十里的高唐某村有华歆的墓。所以，我一直觉得华歆是我的老乡，并为他感到自豪。曹魏时的华歆，为官为人都很好。

　　有一个问题，华歆的"华"，读什么？

　　华姓不读作 huá，应读作 huà。华姓的祖先是宋戴公之孙华父督。因宋戴公的祖先系子姓，所以，姓氏书上称华姓源自子姓。据历史记载，华父督当时在宋国很有势力，他曾经害死了孔子的六世祖孔父嘉，逼得孔氏迁往鲁国。

　　华姓后裔有很多名人，除华歆之外，还有三国时的神医华佗和当代数学家华罗庚。

Rén
任
~~rèn~~

　　我在山东教书时，某届学生里，有个小女孩，个头很小，但很活泼。我当时喊她小任（rén），她一噘嘴，"我才不是小人呢，我是君子。"之后我便喊她小人儿了。这件事我记得很清楚。

　　当时有个同事也姓任，很多同事喊她小 rèn，我觉得他们很有智慧。改一个声调，不就解决了问题？但是，任作姓氏时，不读 rèn，应读作 rén。

　　现在想来，当年我喊小 rén 是对的，而一些同事喊小 rèn 倒是错了。至今我也不知道他们是故意读错的，还是不知道任作为姓氏时的正确读音。

我的一个朋友叫曲永耀，我们都喊他小 qǔ，有时有哥们儿还把曲字儿化，叫他小 qǔr。

朋友也向我们解释过，曲作姓氏时读 qū，不读 qǔ。但习惯太难改了，我们习惯了叫他小 qǔ，他自己也习惯了听我们叫他小 qǔ，突然改叫他小 qū，居然彼此都有点儿别扭。

至今我们还喊他小 qǔ 或者小 qǔr。有趣的是，很多人喊他名字的时候，喊的居然是 qū 永耀。喊曲 qū 永耀小 qǔ，我们居然没有违和感，你说奇不奇怪？

Qū
曲
qǔ

我从不觉得单姓容易读错，可编辑小朱对我说："这个单姓，你得写写，老有人读错呢。"

我熟悉这个姓的原因是儿时经常听评书，《隋唐演义》里有很有名的单雄信。秦琼卖马，就卖给了单雄信。

读错单姓，是因为单是多音字，其实，岂止姓氏，山东单县也总有人读错呢。不过，大家记住下面这句话就不容易读错了：我姓单（shàn），去单（shàn）县喝羊汤，我买单 (dān)。

Shàn
单
dān

Hǎ

哈

~~hā~~

我爱人她表姨夫姓哈，满族人。哈家小表妹上小学时，到我家来玩，我还给她起了个外号，叫"哈哈"（hā hā），小表妹爱笑，所以她挺喜欢这个名字的。

我们一直喊表姨夫老 hā 姨夫，表姨也总是喊他老 hā，错了也觉得无所谓。

老哈姨夫喊成老 hǎ 姨夫？怪怪的。哈哈读成 hǎ hǎ？估计小表妹会不喜欢。

时间过得很快，小表妹都四十几岁了，也许现在不会记得以前有人喊她哈哈（hā hā）了吧。

Yīng

应

~~yìng~~

我原来任职的学校有位物理特级教师，他就姓应。他的名字很有趣，叫应发宝。

应是多音字，有两个读音，分别是答应的应（yìng）与应该的应（yīng）。这位教师的姓氏，当然也读 yīng。

要有时读作腰（yāo），其实，要正是腰的本字。也就是说，要一开始就读作 yāo，而 yào 这个读音是后来形成的。

我没有遇到过要（yāo）姓人。突然觉得这个姓氏挺好玩的，假如哪一天遇到一个要姓人，我一定要和他交朋友。

朋友熟悉了，就可以开玩笑嘛。遇到个岁数大点的，我就喊他老要（yāo），这会不会让人想到老妖？遇到个年轻的，我便叫他小要（yāo）。

Yāo

要

~~yào~~

句作姓氏时，不读 jù，应该读作 gōu，有的人也写作勾。

其实，句与勾，原本就是一个字，后来分化了而已。

姓句（gōu）也挺好的。

如果有句姓朋友找我给他儿子起名，我就给他儿子起名为句鱼（谐音"钩鱼"），如何？

Gōu

句

~~jù~~

Yùn

员

yuán

很多人会把员姓读成 yuán，其实作为姓氏，"员"字音同"运"，应读 yùn。

一说员姓源于芈（mǐ）姓，出自春秋时期伍子胥。伍子胥名员，其后代就拿员作为姓了，这属于以先祖之名为氏。

一说员姓源于姬姓，出自南北朝时期南朝刘宋的著名隐士刘凝之，这属于因故改姓为氏。

fǔ

皇甫

pǔ

我有一个朋友姓皇甫，说起他的姓被喊错的事情，他总是叹气摇头。"我是 huáng fǔ，不是 huáng pǔ。"他说。

复姓听上去就像个昵称，一直接喊复姓会给人一种亲切的感觉，所以我们喊这位朋友皇甫（pǔ）。至于喊错这件事，我们调侃他说："这能怪谁啊？只能怪你自己的姓太复杂了。"朋友认真地说："记住，皇甫的'甫'（fǔ），可是杜甫的'甫'（fǔ）。甫，是古代对男子的美称。"从此以后，我们便不再叫他皇 pǔ 了。

小时候，我爱听评书。当时单田芳说的《隋唐演义》里，有个叫尉迟恭的，至今我还有印象。

但后来当我读书读到尉迟恭的时候，我还是不知道书里的尉迟恭就是评书里的尉迟恭，因为评书是用来听的，而看到"尉迟恭"三个字，我是读作了 wèi 迟恭的。

其实，尉迟是个复姓，不读 wèi chí，而读作 yù chí。

当年听的评书，我至今难忘。评书让我学到了不少的历史文化知识。

Yù
尉迟
~~wèi~~

喜欢金庸武侠小说的人，没有不知道令狐冲的。原著里的令狐冲，不是传统意义上的英雄或大侠。他行事放浪，不拘礼数，又口无遮拦。也许，正是他的不完美，才让他有了很高的人气。

"人只有不完美值得歌颂，谁说污泥满身的不算英雄？"《孤勇者》这样唱道。令狐冲就是一个孤勇者，但别读错了人家的姓哟，令狐不读 lìng hú，读作 líng hú。

Líng
令狐
~~lìng~~

宰父
fǔ
~~fù~~

多年前，我第一次知道宰父是一个姓氏。当时我惊了，世界上居然还有这个姓氏。宰父？这人和父亲得有多大的仇啊。

后来我才知道，自己读错了这个姓氏。宰父的"父"，并不读 fù，而是读作 fǔ。

宰父是一个很古老的姓氏，源于官职，出自周朝时期官吏宰父之后，这属于以官职称谓为氏。

宰父是官职，所以和"宰杀父亲"并无关系。

万俟
Mò qí
~~wàn sì~~

精忠报国的岳飞，最后是被人害死的，害死他的人，评书里说是秦桧，秦桧的帮凶里，有一个叫万俟卨的。

有人说，万俟卨这个名字中，最难认的是最后一个字。其实，万俟卨三个字一个也读不对的，我估计不在少数。

万俟卨，读作 mò qí xiè。你读对了几个字？

万俟卨，这个名字是不是很奇怪？万俟卨名字怪，和他的家族历史有渊源。万俟卨是古代鲜卑人的后代。万俟卨的姓氏其实不是万，而是万俟，读作 mò qí。

叁

一读就错的人名

刘禅
shàn
~~chán~~

　　刘禅的小名叫阿斗。据说，刘禅之所以是扶不起的阿斗，最后还没出息到乐不思蜀的地步，就是因为被他爹给摔傻了。

　　刘禅的名字和封禅有关。

　　封禅是古代帝王到泰山进行的大型祭祀活动，这是一件大事。

　　刘备的两个儿子：老大叫刘封，老二叫刘禅。刘备之所以给哥俩如此取名，就是取封禅之意。

　　封禅的"禅"怎么读？

　　很多人对禅门、坐禅、说禅、禅杖都不陌生，便把封禅误读成封 chán。被误读的还有禅让。

　　其实，封禅、禅让的"禅"正确的读法是 shàn。禅读 shàn时，是指"祭地礼"。

　　所以，刘禅的"禅"该读什么，你也知道了吧。对，刘禅的"禅"读 shàn。

费祎
yī
~~wěi~~

诸葛亮在《出师表》里为后主刘禅推荐文官，被推荐的人里，就有一人名曰费祎。

"祎"字的本义是美好，在古代还指一种美玉。正因如此，此字多用于人名。祎，读 yī，是形声字，从示，韦声，但不读 wěi。

形声字声旁表音，情况还很复杂，"秀才读半边"，有时也并不靠谱。

"祎"字比较容易读错，而 360 董事长周鸿祎为了避免别人喊错他的名字，有段时间常穿一身红衣服。

Jǐ
纪晓岚
— jì —

鼎鼎有名的纪晓岚，因为一部电视剧，更是让大家耳熟能详。但有多少人读得对"纪"字呢？

纪是多音字，作姓氏时，其实应该读 jǐ。你是不是像很多人一样错读成 jì 了呢？

尽管一直有人在各种场合纠正纪姓的读音，但习惯的力量太大了，人们读错纪姓的情况屡见不鲜。

我在山东教书时，有位同事也姓纪，大多数人都喊他小 jì，也有人喊他老 jì。他曾经提醒我们读错了，但一点用也没有，人们依然喊他小 jì 或老 jì，直到现在。

我估计那位同事现在也习惯 jì 的读法了吧，如果有谁喊他小 jǐ，他是不是会感觉有点别扭？

赵衰

cuī

~~shuāi~~

在晋文公逃亡的十九年中，赵衰曾多次献计献策帮助晋文公逃脱险境。他高瞻远瞩，让晋文公护送周王回京……赵衰的这一系列操作奠定了晋国霸主的雏形。

赵衰是春秋时期的五贤士之一，为晋国的繁荣富强做出了突出贡献。但是你知道赵衰的"衰"怎么读吗？很多人一直读作赵shuāi，有问题吗？

衰有两个读音，一个读 shuāi，另一个读 cuī。赵衰的"衰"，应该读 cuī。

读 cuī 时，有个词叫等衰，意思是等次。赵衰的"衰"是不是这个意思我们不得而知。

范蠡 lí
— lí —

　　范蠡是春秋末期有名的政治家、军事家，传说他帮助勾践兴越国、灭吴国，一雪会稽之耻；功成名就之后急流勇退，化名为鸱夷子皮，遨游于七十二峰之间。其间，他以三次经商致富，三散家财，后定居于宋国陶丘，自号"陶朱公"。范蠡被后人尊称为商圣。

　　蠡是多音字，有两个读音，分别为 lí、lǐ。范蠡的"蠡"怎么读？正确的读音是 lí。蠡读二声，是瓢的意思，而读三声，多用于人名，也有用于地名的，如河北蠡县。

　　传说，西施是范蠡的恋人。范蠡功成身退，能挣钱却不为钱所困，经历的丰富成就了范蠡的大格局。

屠岸贾不姓屠，他的姓氏是屠岸。看过戏曲《赵氏孤儿》的人，大概不会读错这个名字。屠岸贾不读屠岸 jiǎ，而是读屠岸 gǔ。

我对屠岸贾这个人的了解，来自戏剧和评书。他是春秋时期晋国的一个奸臣，在戏曲《赵氏孤儿》中，他谋害晋国大忠臣赵盾，致使赵氏一家被满门抄斩。

屠岸贾害死赵氏一家，使自己的阴谋得逞，也得到了国君的重用。但当时的晋灵公不是贤明的君主，由于他的昏庸，屠岸贾为非作歹。他利用晋灵公对他的宠爱，怂恿晋灵公荒淫暴虐，使曾经称霸一方的晋国，渐渐走向衰落。

Lì yì jī
郦食其
~~shí qí~~

郦食其是秦末楚汉时期刘邦的部下。郦食其以其三寸之舌游说列国，为刘邦建立西汉政权做出了重大贡献，尤其是在楚汉战争后期，游说齐国归汉。

郦食其这三个字，估计大多数人都会读成 lí shí qí，其实，正确的读音是 lì yì jī。奇怪的读音，让人不出错实在是太难了。

有人说，郦食其的名字好像也隐约透着一种不祥。"食"按字面理解是食物，可以用来吃的东西，"其"按字面理解是代指他，两个字合起来意思是被人当作食物吃掉！

而郦食其最终正是被齐国国君田广用大火熬成了一大锅肉汤，分给众人一人一口吃了，最后只剩下一把肉骨头，想想就令人毛骨悚然！

Xún yù

荀彧

~~gǒu huò~~

　　荀彧，字文若，东汉末年政治家、战略家，早年被认为有"王佐之才"。话说当年董卓篡汉执政以后，荀彧便弃官归乡，还曾被袁绍待为上宾。

　　因袁绍目光短浅，荀彧便投奔了曹操，后来成为曹操一统北方的首席谋臣。回头看曹操的政治军事生涯，荀彧为他制定了诸多的战略，也因此多次获得曹操的赞赏。

　　荀彧还为曹操推荐了荀攸、郭嘉等优秀的谋臣，也难怪曹操称荀彧为"吾之子房"。荀彧的"彧"，意思是有文采，荀彧当得起这样的名字。

金兀术
zhú

~~shù~~
~~zhū~~

金兀术是金国大将，岳飞的劲敌。

小时候抱着收音机听评书《岳飞传》的我，是不会读金兀 shù 的。但受播讲者影响，我一直读作金兀 zhū。后来我才知道，金兀术读作金兀术 zhú。

皋陶

yáo

~~táo~~

　　皋陶是"上古四圣"之一，其他三位是尧、舜、禹。皋陶能与他们并列，自然不是简单人物。皋陶以正直闻名，被誉为"中国司法始祖"。

　　皋陶这个名字，很容易读错，其正确读音是 gāo yáo，但经常有人读成 gāo táo。

　　清末大臣刚毅曾经做过刑部尚书。他不是科举出身，所以，和那些经科举选拔出来的官僚相比，显得有点不学无术。《春冰室野乘》记载，有一日，刚毅与部内司员谈话，竟称皋陶是"舜王爷驾前刑部尚书高大人"。

　　这句话不仅读错了皋陶的名字，还把皋陶的姓说错了，皋陶并不姓皋，更不姓高。这句话称舜为王爷更是离谱，谁不知道尧、舜、禹是帝王？说出这么没文化的话来，自然让人笑话。

逢蒙

Páng

~~féng~~

　　夏朝的时候，有一个出名的弓箭手叫逢蒙，他生下来右手有六根手指，曾经拜后羿为师。当时部落里的先知说他是天生的英雄。小时候，逢蒙立志在南方建立一个大国。

　　逢蒙是五帝帝尧时期人，据说是一个善于射箭但品行不端的小人。逢蒙的后代在商朝时被封在逢地，并建立逢国。

　　"逢"字与"逢"字长得太像，所以在生活中，每个老逢大概都有过被喊作老 féng 的经历。其实，逢读作 páng。

Dá

妲己

~~dàn~~

　　汉字里，形声字多，读半边有时并不靠谱。比如妲己的"妲"，就不读旦音，而是读 dá。

　　按照先秦时期记述女子姓名时的方式，妲是名，己是姓，而她所属的氏族是"苏"。

　　《国语·晋语》记载：商纣王发动大军攻打苏氏部落，苏氏抵挡不住，献出部落美女妲己和牛羊、马匹求和，妲己得到纣王的宠爱。

　　《封神演义》将妲己写成千年的狐狸精，认为她祸乱朝政，但这些并不属实。

　　女人漂亮不是罪，让美女背历史的黑锅，说不过去。

Mò
妺喜
mèi

妺喜的"妺"，读 mò。请注意，妺的右边是"末"，不是"未"。妹和妺都是形声字，妹是从女未声，妺是从女末声。

和妲己一样，妺是名，喜是姓。

妺喜是有施氏部落之女，夏桀在位时，发动大军攻打有施氏，有施氏兵败求和，献出美女妺喜和大量财物。夏桀得到妺喜后如获至宝，从此开启了荒淫亡国之路。

又是一个可怜人！什么红颜祸水？分明是历史给女性泼了一身污水。

干将莫邪

Gān jiāng yé
~~gàn jiàng~~ ~~xié~~

"干将莫邪"这几个字会读吧？不过，生活里还真有人读不正确。那么让我来告诉你，它们的正确读法是：干将读作 gān jiāng，莫邪读作 mò yé。

干将莫邪是宝剑的代名词，它其实源自一对夫妻的名字。

丈夫名叫干将，相传是春秋时期吴国人，是当时有名的铸剑师，他打造的剑锋利无比。莫邪是干将的妻子。

《搜神记》记载，楚王命干将为他铸剑，干将与其妻莫邪为楚王铸成宝剑两把，一曰干将（雄剑），一曰莫邪（雌剑）。干将知道楚王性格乖戾，于是仅将雌剑献给楚王，同时托付其妻将雄剑传给其子。

后来干将被楚王所杀。其子成人后完成父亲遗愿，将楚王杀死。

干将莫邪，现在是一个成语，比喻难得的人才或恩爱的夫妻。无论是说宝剑还是说人，一般都是一起出现，这是真正的夫唱妇随啊。

Wéi

韦小宝

~~wěi~~

韦小宝是金庸封笔之作《鹿鼎记》里的主要人物。他似乎是一个没武功、没文化，喜欢坑蒙拐骗、贪财好色、溜须拍马、见风使舵、贪生怕死的小混混。可他的人生之路却是平步青云，真可谓"笑傲江湖"。

一些读者非常喜欢"韦小宝"这个人物形象，但金庸则告诫，千万不要学韦小宝。

大多数人对韦小宝都很熟悉，但韦小宝的"韦"应该怎么读，你可能还真不清楚。

韦小宝，易错读为 wěi 小宝，而"韦"字只有一个读音 wéi。

读准了韦小宝，带"韦"字的词语、成语啊，通通解决。比如韦编三绝，不读 wěi 编三绝，应读作 wéi 编三绝。

契诃夫

hē

kē

外国作家或者外国作品里人物的名字，绝大部分是音译过来的，按理说，发音差不多就可以了。但既然译成了汉语，一旦这些名字约定俗成，也就有了读错字的问题。

契诃夫是俄国作家，他的名字就常常有人读错，主要是读错"诃"字。这个字大概用在外国人名里比较多，除了契诃夫，还有塞万提斯小说《堂吉诃德》里的主人公堂吉诃德等。"诃"字右边是"可"字，有人就因此把契诃夫读成了契 kē 夫。其实"诃"字读 hē。

同一个外国作家的名字，不同的人翻译可能用的字不一样，这没问题，但读错字是不应该的。

肆

一读就错的地名

北京大栅栏
shí

zhà
shān

　　大栅栏是北京前门外著名的商业街区，也是北京南中轴线的重要组成部分。

　　大栅栏得名之由，最通行的说法是，明朝弘治元年（1488年），明孝宗下令在北京城内大街曲巷设立栅栏，并派兵把守，栅栏较为高大，因此叫大栅栏。

　　如果是外地人，看到"大栅栏"，大都会读成 dà zhà lán，但北京人读作"大什烂儿"。

　　在《现代汉语词典》（第7版）中，栅有两个读音：一个是 zhà，如栅栏；一个是 shān，如栅极。

　　zhà 这个读音起源相当晚，而大栅栏这个地名可能早在明朝就已经形成，故仍使用 shān 这个读音。后来，shān 这个读音"懒化"得很厉害，连韵母也脱落了，就变成了"大什烂儿"。

北京簋街

guǐ

~~gèn~~

　　以前的某个时候，北京东直门内大街上的餐厅生意很红火，有很多出租车司机来此吃夜宵，大部分餐厅都会开到次日凌晨三四点，甚至开通宵，因此这里又被人称为"鬼街"。

　　但"鬼"字终归不雅，因此，东城区的工作人员开始冥思苦想，要为鬼街易名。工作人员发现，字典里有个与鬼同音的"簋"字，这个字还能和吃沾上边儿，用它正合适。簋，是指古代盛食物的器具。

　　于是，鬼街便改成了簋街。

　　簋街很有名，但真把"簋街"两个字放在你前面，说不定你还不认识。现在明白了吧？簋街的"簋"读作 guǐ，与"鬼"同音，簋街原来的名字正是鬼街。

北京马家堡 _{pù} _{~~bǎo~~}

外地同学来北京，我打算去看他，便打电话问他在哪里。他说："我在马家 bǎo。"我笑了："哥们儿，你读错了，应该是马家 pù。"他乐了，说："哈哈，我一直这样读，丢人了。"

马家堡位于北京市丰台区。其实，我来北京的头一两年读的也是马家 bǎo。读错的，岂止我的外地同学啊。

堡读 pù 时，指驿站（今用于地名），如十里堡、五里堡，有的地方写作"铺"。

地名的读音其实很复杂，如果只看字跟着感觉读，可能很多地名都要读错。

陕西瓦窑堡 _{bǔ} _{~~bǎo~~}

当年上历史课，学到瓦窑堡会议时，老师读瓦窑 bǎo 会议，我们也跟着读瓦窑 bǎo 会议。可前几天我发现，这个地名居然一直都读错了。

瓦窑堡以前是一个镇，堡在这里读作 bǔ。瓦窑堡会议，应读作瓦窑 bǔ 会议。

堡有三个读音，分别是 bǎo、bǔ、pù。我国好多地名带"堡"字，可应该怎么读有时真的让人摸不着头脑，是不是？

浙江丽水

Lí

浙江丽水

—lí—

丽水是浙江南部的一个地级市，很多人将丽水的"丽"读成美丽的"丽"。其实，正确的读法是 lí 水。

丽是个多音字，除了读美丽的 lì，还可以读高丽的 lí。

其实，丽水的一层含义正是美丽的水。

关于丽水地名的由来，有这样一个说法：丽水市区内有一条河，叫离水，丽水这个城市，正是以这条河命名的。但"离"字，让人觉得有些不吉利，因而改名丽水。

但读音约定俗成，人们已经习惯了，也就沿用了原来的读法。

浙江台州

Tāi

浙江台州

—tái—

有人说台州很"委屈"，原因有二：一是台州总被认为是温州的一部分，二是很多人会把台州的名字读错。你也许会很疑惑：台州不就是念 tái zhōu 吗？这有什么难读的。其实不然，台州其实读 tāi zhōu。

但换个角度想，被人读错也不见得就是委屈，相反，还是一种幸运。因为容易读错，每次列举全国最容易读错的地名时，总会有台州。

名字容易读错，反而成了一个特色、一个广告，从而让更多人都记住了这个城市。

安徽蚌埠

Bèng

~~bàng~~

　　"蚌埠住了"是一个网络热词，是"绷不住了"的谐音，用来形容自己情感上受到了较大冲击，快撑不住了。

　　既然是谐音，蚌埠的读音是不是就更好记了呢？

　　蚌即河蚌，埠即码头，结合起来，就是河蚌很多的码头。这就是蚌埠地名的由来。由于河蚌产珍珠，蚌埠还被称为"珠城"。

　　你可能会有疑问，既然因河蚌而得名，蚌埠的"蚌"为什么不读 bàng，却读作 bèng？

　　蚌是形声字，从虫丰声。

　　音韵学一般认为，"古无清唇"，也就是说，上古没有唇齿音 [f]。

　　"丰"字最初不读 fēng，而读 bèng。蚌字从丰得声，初造时就读 bèng。

　　所以，蚌埠得名是因为盛产河蚌，但河蚌的"蚌"现在读 bàng，应该是历史音变的结果。蚌埠的"蚌"则是保留了古音。

安徽亳州

Bó

~~háo~~

一次，一场在安徽亳州举行的体育赛事被某台体育频道报道，然而令人尴尬的是，主持人把亳（bó）州读作了亳(háo)州。亳州人对此愤愤不平。

亳和毫长得太像了，简直就是"双胞胎"，没听说过亳州的外地人在读到"亳州"时，也就很容易将其认作"毫州"了。

安徽六安

Lù

~~liù~~

某电视台播报新闻时将六安念为 liù ān，这在网上引起一轮热议：六安究竟应该读 liù ān 还是读 lù ān ？

六安在当地一直读 lù ān，《现代汉语词典》第 1 版到第 4 版也注明是 lù ān。但是到了 2005 年，第 5 版删除了"六"字中"lù"的读音。

安徽省人民政府曾表示，地名的读法应充分尊重当地政府和群众的意见，六安应该保留 lù ān 的读音。六安这一地名已有两千多年历史，六安的"六"不仅反映着当地的地理地貌特征，也承载着丰富的历史文化内涵，有着鲜明的区域性特点和特殊含义。

江苏盱眙

Xū yí

~~yú tái~~

你吃过盱眙小龙虾吗？"盱眙"两个字你会读吗？

读半边？于台？不对，盱眙的正确读音是 xū yí。

秦始皇统一六国后，在东海郡下设盱眙县，因县治曾设在山上，故以盱眙命名，取"张目为盱，直视为眙"之意。

盱眙因地处淮河下游、洪泽湖南岸，千里淮河在这里流入洪泽湖，受湖水顶托作用形成了数十万亩滩涂湿地。在这里，适应龙虾生长的水草、藻类品种相比其他水域更为丰富，适宜的气候也为盱眙龙虾提供了良好的繁殖和生长条件。

江苏甪直

Lù

~~jiǎo~~

甪直，位于苏州市吴中区，被誉为"神州水乡第一镇"。

甪直这个地名，乍一看还以为是角直，其实"甪"这个字读 lù，主要作为地名使用。另外，传说古代有一种神兽，名字叫甪端，甪直的由来，便跟甪端有关。

甪直原名甫里，镇西有一个"甫里塘"，算是因地得名。之所以改成甪直，一说是甪直水流如"甪"字形态，一说是神兽甪端来过这里，看中了这块风水宝地，故而得名。

山西洪洞 tóng

~~dòng~~

传统戏剧《玉堂春》中的《女起解》，即"苏三离了洪洞县"一段，相当有名，也许你还能哼上几句。

洪洞，你怎么读？大概还是有不少人读成洪 dòng 吧？

洪洞属于山西省，我查过资料，它还真是因古洞（dòng）而得名。不过，为什么读洪 tóng 呢？也许这和当地人的发音有关系吧。

地名的读法应该尊重当地人的习惯，而且，洪洞县大槐树镇是民间相传的寻根之地，洪洞县闻名遐迩，大家都习惯读作洪 tóng 了。

成都杉板桥
Shā
~~shān~~

成都有一个地方叫杉板桥，恐怕大多数人都会将这里的"杉"，读作 shān，但杉板桥实际上应读作 shā 板桥。

作家刘心武在《刺猬进材》的开篇"杉板桥无故事"中说道："一般说普通话的会把'杉'发音为'山'，但是在成都这个地名要读成'沙板桥'。顾名思义，那里应该曾有座用杉木板搭成的桥。"

"杉"字是多音字，有 shān 、shā 两个读音。当作为一棵树时，叫作杉（shān）树；而作为木头时，它就"摇身一变"，读音却是杉（shā）木。

根据当地人的说法，杉板桥原本就是用杉木板搭出来的桥，后来才扩宽成马路，shā 板桥才是正确读音。

重庆涪陵
Fú
~~péi~~
~~bèi~~

涪陵，地处重庆中部、三峡库区腹地，位于长江、乌江交汇处，因乌江古称涪水，巴国先王陵墓多葬于此地而得名。

现在读错涪陵的人似乎少了很多了，或许是因为涪陵榨菜太有名了。

涪陵的"涪"，有些人读成 péi，有些人读成 bèi，其实都不对。涪陵的正确读音是 fú 陵。

山东乐陵 Lào

lè

乐陵属于山东德州，是一个县级市。因为我是德州人，"乐陵"二字我肯定读不错。

不过，换作你，就未必能读对了。要不，试一试？

乐陵的"乐"，读 lào。对，河北乐亭的"乐"，也读 lào。

乐是多音字，用在地名里该读什么，有时并不一定讲得出道理，也许就是古代流传下来的叫法吧。

乐陵金丝小枣很有名，有机会我可带大家一起去尝尝。

吃一口德州扒鸡，再吃几个乐陵金丝小枣，很美妙的体验。

河北大城

Dài
~~dà~~

大城？究竟是多大的一座城呢？其实，大城是河北廊坊下辖的一个县。大城的"大"，不知道的人可能会读成 dà，但正确的读音是 dài，如同大夫的发音。

大城的"大"也没有什么特别的意义，为什么非得读 dài 呢？我没有查到相关说法，也许这只是一个习惯罢了。据说当地的老人们都还是读 dài，但很多年轻人已经渐渐读 dà 了。

河北井陉

xíng
~~jìng~~

井陉是一座千年古城，坐落于太行山脉之中，属于石家庄市，离石家庄市很近。

井陉因地形而得名。《太平寰宇记》记载，周穆王东巡狩猎时，来到此地，看到"四方高，中央下，如井之深，如灶之陉"，故谓之"井陉"。

"陉"字估计大多数人都不认识，会读错。井陉的"陉"，不读 jìng，正确读音为 xíng。陉的意思是山脉中断的地方。

井陉有著名的秦皇古驿道遗迹，长约 800 米。古驿道保留了原始的秦时驰道，路面上可以看到车轮碾压而成的车辙印记，这是"车同轨，书同文"的历史见证。

河南武陟
zhì
~~shè~~

武陟位于河南西北部，是焦作下辖的一个县。武陟历史悠久，距今已有一千四百多年的历史。

武陟的"陟"，读 zhì，你读对了吗？

关于武陟这个地名，最早的解释见于明万历年间的《武陟县志》中的陈于陛序文："武陟，故覃怀属邑，盖武王陟定天下兹起之邑。"其正文亦云："武陟县，周武王牧野之师，兴兹土，故名。"

武陟的"武"是指周武王，"陟"的本义是登高，武陟的字面意思就是周武王登高。

河南渑池
Miǎn
~~shéng~~

渑池隶属于河南三门峡，位于河南西部。渑池的"渑"，只用于地名，源于古水池名。渑池本名黾池，以池内注水生黾（一种水虫）而得名。

渑池的"渑"怎么读？"渑"字和"绳"字长得很像，所以和"绳"字一样，读 shéng？不，渑池的"渑"不能读 shéng，应该读作 miǎn。

其实，"渑"字用作河水的名字时，读 shéng，为山东渑水专用。

渑水位于现山东省淄博市临淄区齐国故城城西，古时河流不大，河水于 1996 年干涸。现临淄区正在进行河道疏浚，渑水不久将重现水流。

Qián wéi

四川犍为

~~jiān　wèi~~
~~jiàn~~

犍为隶属乐山，山水秀丽，被誉为工业革命"活化石"的嘉阳小火车，就在犍为。

犍为怎么读？

犍是多音字，有 qián 和 jiān 两个读音。

为也是多音字，有 wéi 和 wèi 两个读音。

犍、为两个字都是多音字，不了解犍为的人，读错的可能性就太大了。

qián wèi？ qián wéi？ jiàn wéi？ jiàn wèi？ jiān wéi？ jiān wèi？

但正确的读音只有一个。

注意了，犍为读 qián wéi。

犍读作 jiān 时，特指犍牛（阉割过的公牛）。

犍读作 qián 时，用于地名，这个读音属于犍为。

湖北监利

Jiàn
监利
~~jiān~~

监利位于湖北南部，江汉平原南端、洞庭湖北面。

监利，有人读 jiàn lì，有人读 jiān lì。

监利据说是因东吴"令官督办""监收鱼盐之利"而得名。由此，有人得出结论，监利读作 jiān lì 比较合理。但在监利，没有人这样读。把监读成 jiān，会让当地人感觉很别扭。

监字有 jiān 和 jiàn 两种读音，监利读作 jiān lì，似乎更合乎起名者的"初心"。但地名的读法还是应尊重当地人的习惯。

江西铅山

Yán
江西铅山
qiān

铅山，在江西东北部、信江上游，隶属于上饶。铅山，历史上以产铅而出名，县内永平镇西四里有铅山，遂以山命名。

铅山，这个地名应该怎么读？

你也许会说，铅山产铅，难道不是读 qiān 山吗？当然不是。事实上，地名铅山读作 yán 山。

这种读法与当地方言里"铅"字的发音有关。在当地方言里，铅就是读 yán，这是上古音的遗存。

上海莘庄

Xīn

~~shēn~~

莘是多音字，有 shēn 和 xīn 两种读音。"莘"字出现在地名中如何读，也是一个问题。

上海莘庄，是闵行区政府驻地，如何读？你会不会读错？莘庄的"莘"应读作 xīn，与"辛"字读音相同。

山东莘县，名字里也有个"莘"字，又如何读？莘县的"莘"不读 xīn，而是和"莘莘学子"的"莘"一样，读 shēn。

希望莘县的莘莘学子以后有机会去莘庄玩。

广东番禺
Pān
fān

估计有些朋友看到番禺，会读成"翻鱼"。毕竟一番努力、两番波折、三番五次的"番"，我们都读 fān。但这样读是错的。

番禺的"番"，不读 fān，应读作 pān。

番禺历史悠久，其"番"字其实保留了古音。

汉语语音是不断变化的，相比唐宋，有一条规律是"古无轻唇"（学者钱大昕提出），即上古时没有以轻唇音作声母的字音，唐朝以后才开始出现大量以轻唇音为声母的字音。

换句话说，上古时没有以 f 为声母的字音。

后来汉语中出现了轻唇音，不少以 b、p 为声母的字音分化出以 f 为声母的字音，因而"番"字才有了 fān 这个读音。

广东大埔
bù
pǔ

广州有黄埔，梅州有大埔。黄埔名气很大，大埔名气小一些。名气大的给名气小的带来了麻烦：有人把大埔的"埔"读成 pǔ。

你是不是也这样读？其实，大埔的"埔"应读作 bù。

在广东、福建等地，有一些带"埔"字的地名。除了黄埔，其他地名中的"埔"字，当地人全读成 bù。

其实，"埔"字原本只有 bù 一个读音，后来才有了 pǔ 的读音。

吉林珲春

Hún

~~huī~~

珲春是吉林省延边朝鲜族自治州下辖的一个县级市，地处中国、朝鲜和俄罗斯三国交界处，有着"一眼望三国"的称号。

没有到过珲春的朋友，大多会习惯性地将珲春的"珲"读成 huī，毕竟著名的历史地名瑷珲的"珲"就读作 huī。

实际上，珲春的"珲"，应该读作 hún。

据说，珲春这个地方最早叫作"沃沮"，后又叫作"浑蠢"，此为音译词，意思是边地、边陲、近边。后来，"浑蠢"又变成了"珲春"，沿用至今。

内蒙古巴彦淖尔

nào

~~zhuō~~

某日，儿子在玩游戏，我坐在床边看京剧，爱人在床上看微信。忽然，爱人推了我一下，说："过段时间咱们去内蒙古玩，怎么样？你看，这个地方风景真美。"我接过爱人的手机，发现她浏览的是关于巴彦淖尔的一段介绍。

巴彦淖尔？"淖"怎么读？是读 zhuō 吗？一向甚少出门的我，不禁有点儿惶恐。

不过，我也不敢瞎猜，还是问问爱人吧。

爱人乐了，她微笑着告诉我："记住啊，巴彦 nào 尔，淖读作 nào。'淖尔'在蒙古语中是湖泊的意思。"

香港尖沙咀
zuǐ
~~jǔ~~

    香港有个地方，叫尖沙咀，如果你对这个地方不熟悉，很有可能会读成尖沙 jǔ。

    "咀"字除了读 jǔ，还读 zuǐ。尖沙咀的"咀"，就应读 zuǐ。

    尖沙咀位于九龙半岛的南端，这里形成了一个沙滩，又长又尖，很像伸出来的嘴巴，所以"尖沙咀"还可以写作"尖沙嘴"。

海南儋州

Dān

~~chán~~
~~zhān~~

这个地方和苏轼有着非常密切的关系，苏轼曾在被贬海南的路上，写下了"他年谁作舆地志，海南万里真吾乡"的诗句。这是哪儿呢？——海南儋州。

儋如蟾蜍的"蟾"，也像瞻仰的"瞻"，难道儋州读 chán 州或者 zhān 州？记住了，儋州的"儋"，正确读音是 dān。

儋州位于海南岛西北部，苏轼谪居儋州近三年，讲学明道，使儋州教化日盛，"书声琅琅，弦歌四起"。苏轼北归九年后，儋州人符确成为海南的第一个进士。

苏轼在《自题金山画像》一诗里，这样总结自己的一生："心似已灰之木，身如不系之舟。问汝平生功业，黄州惠州儋州。"

苏轼的这首诗是儋州的一张名片。

新疆准噶尔盆地

ŋá

gé

　　准噶尔盆地位于新疆北部，是中国第二大内陆盆地。

　　准噶尔是个音译词，源自蒙古语，是卫拉特蒙古一支部落的名字。十七到十八世纪，准噶尔部控制天山南北，建立了史上最后一个游牧帝国——准噶尔汗国。

　　"噶"字只有一个读音，即 gá，主要用作译音字，如准噶尔。

　　现在有人仍将准噶尔的"噶"读为"gé"，这种读法是不正确的。

一读就错的动物

水獭
tǎ
~~lài~~
~~lǎn~~

水獭一般生活在水里，给我的第一印象是有点"赖"。估计很多人和我有一样的感觉吧，要不怎么总有人喊人家水赖（lài）呢？

只是因为"獭"和"懒"俩字长得太像了，所以又有人总喊人家水懒（lǎn）。

我们请水獭先生自我"正名"一下。

"各位亲爱的朋友，我不是水赖，也不是水懒，我是水獭（tǎ）。水，是水獭的水；獭，是水獭的獭。"

"你要是不懒，为什么总是在水里揣着手睡大觉呢？"

"……"

其实，水獭的生活习性是白天睡觉，晚上才出来活动。所以你每次看到它，它基本都在睡大觉，你说冤枉不冤枉？

yǎn

鼹鼠

~~yān~~
~~yàn~~

鼹鼠是一种哺乳动物，外形像鼠，毛黑褐色，嘴尖，眼小。昼伏夜出，捕食昆虫、蚯蚓等，也吃农作物的根。

"鼹"字只有一个读音，即 yǎn。所以，鼹鼠不是 yān 鼠，也不是 yàn 鼠，而是 yǎn 鼠。你读对了吗？

鼹鼠的动画形象特别可爱，很让小朋友喜欢。二十世纪八十年代，由欧洲引进的动画片《鼹鼠的故事》风靡一时。这是一部几乎没有对白的动画片，只有声音和动作。它的创作者说："希望鼹鼠的故事被全世界所有的人理解，无论他们在生活中讲哪种语言。"

兔狲 ~~xùn~~

（sūn）

当下，网上有大量关于兔狲的表情包，想必它还不知道自己已经在网上走红了吧。

不了解兔狲的人，或许会从它的名字得出这是一种兔子或是长得像兔子的猴子（猢狲）。但兔狲却是一种体型和外貌都与家猫比较接近的小型猫科动物。

兔狲长得憨憨的，叫声似猫，但比较粗。和家猫不同，它非常凶残，具有极强的攻击性。

近年来，兔狲的数量在不断减少，乱捕滥杀是主要原因。兔狲的名字你会读吗？记住，它叫兔 sūn。

qiú yú
犰狳
~~jiǔ yú~~

犰狳是一种哺乳动物，与食蚁兽和树懒有近亲关系。你知道犰狳怎么读吗？读"九余"？不，犰狳的正确读音是 qiú yú。

犰狳用盔甲似的骨质甲保护自己。大多数种类的犰狳，骨质甲覆盖头部、身体、尾巴和腿外侧；这层骨质甲深入皮肤中，由薄的角质组织覆盖。

犰狳的躯干分为前、中、后三段，前面部分和后面部分的骨质甲是分开的，中段的骨质甲呈带状，可以灵活活动。犰狳身上没有被骨质甲覆盖的地方长有稀疏的毛。犰狳有小耳朵和长尖的嘴，前脚上长有有力的爪子。

犰狳属夜行性动物，昼伏夜出。它喜欢吃腐烂的动物尸体，草原上哪里有牛、马以及其他动物腐烂的尸体，哪里就有犰狳。

shē

猞猁

~~shě~~

　　世界上的猫科动物种类繁多，除了我们熟知的狮子、老虎、猎豹等大型猫科动物以外，还有一些猫科动物是我们不太熟悉的，比如猞猁。别说，许多人连它的名字怎么读都不知道呢！猞猁的读音为 shē lì。

　　猞猁主要栖息在北温带的高山地带，是猫科动物里最不怕冷的品种之一。它的面部像老虎，但是两边耳尖各有一簇黑色的丛毛竖起，像是戏剧中武将头盔上的翎子。另外，两颊有下垂的长毛，显得腮帮子很大。在我国，由于数量不断减少，猞猁目前已被列为国家二级保护动物。

huān

蜜獾

~~guàn~~

　　蜜獾被吉尼斯世界纪录评为"世界上最无畏的动物"，人称"平头哥"，甚至平头哥的叫法比蜜獾还要响亮。

　　但很多人都把蜜獾读成蜜罐（mì guàn），不知道的人还以为它是盛装蜂蜜的罐子呢。

　　其实，蜜獾的正确读法是 mì huān。

　　这种动物最喜欢的美味是蜂蜜，一有机会，蜜獾就会攻击蜂巢，吃掉蜂巢里所有的蜂蜜和幼虫。这也是蜜獾这个名字的由来。

山魈

xiāo

~~qiào~~

　　山魈是灵长目猴科动物中体形最大的一种，智商很高，主要生活在非洲多岩石的地带，面部有色彩鲜艳的独特图案。不少人把山魈误读成山俏（shān qiào）。

　　山魈在中国古代神话传说中是山里的独脚鬼怪。《山海经·海内经》里提到："南方有赣巨人，人面长臂，黑身有毛，反踵，见人笑亦笑，脣蔽其面，因即逃也。"现实中的山魈与神话传说里的山魈，有没有关系呢？

hé

貉

~~gě~~

~~luò~~

　　貉与狗、狼、狐同是犬科动物。

　　有个成语，叫一丘之貉。一个土丘上的貉，基本上是一家子，它们的长相、生活习性以及好习惯、坏习惯通常都差不多。所以，人们用一丘之貉形容彼此都是一样的。但一丘之貉是个贬义词，这个成语的意思，换个说法更准确，即彼此都不是好东西。

　　为了得到貉的毛皮，一些地方开办了养殖场，但往往受到不少动物保护者的抵制。

　　貉常常被误读为 gě 或 luò，其正确读音是 hé。

^{tí hú} 鹈鹕
—<del>dì</del>—

　　鹈鹕是一种大型的鸟，翅展可达 3 米，体重可达十几千克。鹈鹕的嘴巴又宽又长，长可超过 30 厘米，它还有一个巨大的喉囊。鹈鹕主要以鱼类为食，觅食时从高空直扎入水中。

　　鹈鹕常被误读成弟鹕（dì hú）。其实，只要稍微联想一下，就可以避免读错了。把鹈鹕多读几遍试试，鹈鹕是不是与提壶谐音啊？一提壶，你就会就想到鹈鹕这大鸟的名字了吧。

游隼

sǔn

—jí—

游隼体形较大，飞行速度极快，十分凶猛，可以在空中捕食各种猎物。

有人把游隼误读成游集（jí），其实"隼"字应读作 sǔn。

游隼的分布范围极广，在人类文明出现以前，它们就已经征服了除南极洲以外的所有大陆。

游隼最突出的特点，就是其俯冲速度可达 300 多千米／时，是俯冲速度最快的鸟类，在俯冲结束时，游隼身体所承受的压力可达其重力的 25 倍，这是大型鸟类中目前已知的最大值。

xiāo

鸮

~~háo~~

说鸮你未必知道，说猫头鹰，你肯定熟悉。鸮，其实是古人对猫头鹰一类鸟的统称。

鸮这种鸟你认识了，但"鸮"字怎么读你可能还不知道。鸮是形声字，从鸟号声，你会读成号（hào）吗？

把鸮读成号就错了。鸮的正确读音是 xiāo。

因声音凄厉，古人以猫头鹰为恶鸟，《毛传》云："鸮，恶声鸟也。"直到现在，猫头鹰也没有好名声，所谓"夜猫子进宅，无事不来"，足见人们对它的不喜欢。

鸮是猫头鹰一类鸟的统称，广泛分布于除南极洲外的地方，现存约 140 种，其中体形最大者是雕鸮。常见的种类有长耳鸮、短耳鸮、仓鸮、草鸮、雪鸮等。

据说一只猫头鹰每年能吃掉 1000 多只老鼠，还会吃蝗虫等害虫，为保护庄稼做出了很大贡献。就因为叫声而把它们视为"恶鸟"，你说冤不冤？

马来貘
mò
~~mó~~

马来貘，也称印度貘，又叫"五不像"。它的鼻似象，耳似犀，尾似牛，足似虎，躯似熊，全身毛色黑白相间。马来貘长相奇特而有趣，一副呆头呆脑的样子。

马来貘以胆小谨慎著称，一有风吹草动，它们便从水中跑出来，或藏在水中，只露出鼻子呼吸。在动物园里，我们看到的它们，常常躲在水中，只有它们熟悉的饲养员靠近时才会出来。

野生的亚洲貘类已成为濒危物种，有灭绝的危险，因此很多国家都建立了自然保护区。

有很多人会念错马来貘的名字。请注意，貘的读音是 mò，而不是 mó。

儒艮

gèn

~~liáng~~

　　儒艮是海洋中唯一完全以水生植物为食的哺乳动物。儒艮怎么读？儒 gèn。注意，艮不是良。

　　儒艮与陆地上的亚洲象有共同的祖先，后来进入海洋，依旧保持着食草的习性，已有 2000 多万年的海洋生存史。它性情温和，外观与海牛相似，但它有一条与鲸相似的尾巴。

　　儒艮需要定期浮出水面呼吸，被认为可能是古代美人鱼和海妖传说的灵感来源。

　　儒艮曾广泛分布在印度洋、太平洋的热带及亚热带沿岸和岛屿水域，由于栖息地被破坏，目前主要集中在澳大利亚。

　　1988 年，儒艮被我国列为国家一级保护动物。然而自 2008 年以来，儒艮就再也没有在我国出现过。

guì
鳜鱼
~~jué~~

鳜鱼是淡水鱼，体扁平，背部隆起，黄绿色，全身有黑色斑纹，口大，鳞片细小。鳜鱼性凶猛，喜欢吃鱼、虾等。

鳜鱼的"鳜"容易读错，我就听过有人读成 jué 鱼。其实，鳜只有 guì 这个读音。

知道了读音，还需要清楚一个情况：鳜鱼和桂鱼是同一种鱼。鳜鱼之所以写作桂鱼，是因为"鳜"字写起来较麻烦，既不好写，又容易读错。在不同地区，鳜鱼还有其他称呼，比如"桂花鱼""季花鱼""花鲫鱼"等。

kuò
蛞蝓

~~huó~~

　　蛞蝓的俗称鼻涕虫更为有名，"蛞蝓"这俩字，很容易读错。

　　蛞蝓的读音为 kuò yú。

　　蛞蝓是软体动物，外形像去壳的蜗牛，表面多黏液，头上有长短触角各一对，眼长在长触角上。其背面呈淡褐色或黑色，腹面呈白色。

　　蛞蝓吃植物的叶子，危害蔬菜、果树等农作物，所以被认为是对人类有害的动物。

　　蛞蝓在有的地区又叫蜒蚰（yán yóu）。

tāo tiè

饕餮

~~hào cān~~

饕餮是传说中的一种凶恶、贪食的野兽，相传为上古四大凶兽之一。古代青铜器上常用它的头部形状作装饰纹样，这种纹样叫作饕餮纹。

"饕餮"俩字怎么读呢？饕餮读作 tāo tiè。

《山海经》里介绍了饕餮的特点：羊身，眼睛在腋下，虎齿人爪，有一个大头和一张大嘴；十分贪吃，见到什么就吃什么，由于吃得太多，最后被撑死了。

后来饕餮用来形容贪婪凶恶之人。

獬豸

zhì

z~~hái~~

　　说起独角兽，大家更熟悉的可能是形如白马、飘逸潇洒的西方虚幻动物。但是在中国，我们也有自己的独角兽，那就是上古神兽——獬豸。

　　獬豸体形大者如牛，小者如羊，类似麒麟，全身长着浓密、黝黑的毛，双目明亮有神，额上通常长一角，这便是它被称为独角兽的原因。

　　"獬豸"俩字不好读，十有八九会读错。獬豸，读作 xiè zhì。

　　在古代，獬豸是执法公正的化身。传说中，当人们发生冲突或纠纷的时候，獬豸会用角指向无理的一方，甚至有时会将罪恶滔天的人用角抵死，令作恶者不寒而栗。

陆

一读就错的植物

qián
荨麻
~~xún~~

荨麻是一种多年生草本植物。这个名字很容易读错，因为"艹"下面是寻找的"寻"，所以很多人会读成 xún má。

其实，荨麻应该读 qián má。

人们把荨麻读错，与另一个词有一定的关系。这个词是荨麻疹，荨麻疹是一种皮肤病，很常见。

既然荨麻读 qián má，那荨麻疹是不是读作 qián má zhěn？

以前确实是这样读的。但由于荨麻疹太常见了，所以把它读成 xún má zhěn 的人太多了；既然如此，荨麻疹便改读 xún má zhěn 了，但荨麻仍旧读作 qián má。

莎草

suō

~~shā~~

    莎草，多年生草本植物，多生长在潮湿地区或河边沙地上，茎三棱形，叶条形，有光泽，花穗褐色。地下块根黑褐色，叫香附子，可入药。

    莎草的"莎"，有人错读成沙（shā），其实正确读音为 suō。

    莎草可做斗笠和雨衣；因其为衣下垂穗，像孝子的蓑衣，所以也写成蓑草。

    莎草常见，有时可作为草的代表。有个词牌名就叫"踏莎行"，最初用于咏古代民间盛行的春天踏青活动。踏青，也说踏草，是唐宋时期广为流行的活动，北方一般在清明节前后进行。

    欧阳修所写较为出名的《踏莎行·候馆梅残》，其下片是："寸寸柔肠，盈盈粉泪。楼高莫近危阑倚。平芜尽处是春山，行人更在春山外。"

连翘

连花清瘟中的"连"，总有人错写成"莲"，因为他们认为这是指莲花。

其实，连花清瘟中的"连"是指一种中药材，即连翘；连花清瘟中的"花"是指另一种中药材，即金银花。

连花清瘟中的"连"容易写错，连翘的"翘"也容易读错。你会读吗？注意，连翘的"翘"不读qiào，而读qiáo。

川芎

在某一部电影里，主角说泡脚要用中药，还说了一些中药的名字，结果，一不小心读错了一种药材的名字。你知道他读错了哪种药材的名字吗？告诉你，是川芎。

川芎是多年生草本植物，羽状复叶，花白色，果实椭圆形。川芎的主要功效是活血化瘀，其多用于治疗跌打损伤、瘀血肿痛等症状。

川芎既不读作川弓（gōng），也不读作川xióng，更不读川qióng。川芎的正确读音是川xiōng。

黄芪，豆科植物，多年生草本，高 50~100 厘米。主根肥厚，木质，常分枝，灰白色。茎直立，上部多分枝，有细棱，被白色柔毛。黄芪根可入药。

之前老听人说起这种中药材，但惭愧的是，我一直读错。

黄芪应读作黄 qí，而我本想，芪的下面是"氏"字，所以黄芪应读作黄 shì。

据说，黄芪吃了可以补气强身。但我觉得吃补药还是得慎重。要强身，更好的方式还得是锻炼，你说呢？

qí
黄芪
~~shì~~

术是一个多音字，算术、技术、手术、隐身术等词中的"术"，读 shù，所以看到白术，大多数人可能就毫不犹豫地读成 shù。

白术的"术"读 zhú。中药材里不仅有白术，还有苍术。

zhú
白术
~~shù~~

zōng
鸡枞菌
~~cōng~~

鸡枞菌是一种野生食用菌，广泛分布在我国南方，以及东南亚、非洲等地区。

鸡枞菌味道鲜美，营养丰富。汪曾祺曾在散文中写道："菌中之王是鸡枞。味道如何，真难比方。"

你吃过鸡枞菌吗？你知道鸡枞菌的"枞"怎么读吗？

有人错读成鸡 cōng 菌，其实，鸡枞菌正确的读音是鸡 zōng 菌。

jié
桔梗
~~jú~~

"桔"字很早就有了，刚开始读作 jié。它原本与"橘"字没有关系，读音也与"橘"字不同。但不知从什么时候起，"桔"字成了"橘"字的俗体。也许是人们嫌"橘"字笔画多，不太好写吧。于是，橘子也就成了桔子。原本没有关系的"桔"与"橘"，好像成了"一家人"。

桔梗是多年生草本植物。叶卵形或卵状披针形，边缘有锯齿。花钟状，蓝色或暗紫白色。药材中的桔梗，是指桔梗这种植物的根部。

自从人们把"桔"字当成"橘"字的俗体，桔梗就容易被误读为"jú 梗"了。

柽柳，落叶小乔木，枝条纤弱下垂，老枝红色，叶子像鳞片，花淡红色，结蒴果；耐碱抗旱，适用于造防沙林。柽柳也叫三春柳或红柳。

柽柳的名字带"柳"，其实不是柳，因而有人故意将柽柳读为怪柳。

不过，有人将柽柳读为怪柳，是因为认错了字，把"柽"字认成"怪"字了。

还有人将柽柳读为圣柳，这是因为"认字认半边"。

柽柳不读 shèng 柳，也不读 guài 柳，正确的读音是 chēng 柳。

石斛，喜在温暖、潮湿、半阴半阳的环境中生长。它的枝条十分柔软，叶片为披针形，当阳光过强的时候，叶片会呈现出黄绿色。石斛在春天开金黄色的花，花瓣为单瓣或重瓣。

石斛全年均可采收，鲜者除去根和泥沙，就可上市销售；也可采收后除去杂质，用开水略烫或烘软，再边搓边烘晒，直至叶鞘搓净、干燥。

关于石斛之名的由来，有人认为石斛之"斛"，是古代"觩"字印刷或抄写之误。觩（qiú），形容病态山羊之角瘦长弯曲的形状。而入药部位是石斛的草质茎，它细长弯曲，通常加工成弹簧状，与病态山羊之角确实很像。

青蒿
hāo
~~gāo~~

《诗经·小雅·鹿鸣》云："呦呦鹿鸣，食野之蒿。我有嘉宾，德音孔昭。"此蒿，就是指青蒿。青蒿多生长在旷野和河边，在全国各地都比较常见。

青蒿怎么读？蒿是形声字，上形下声。从高的形声字，读音并不统一，"搞""稿"都读搞（gǎo），但嵩山的"嵩"读松（sōng）。高及从高诸字，都容易对读青蒿之蒿造成误导。

诗经是押韵的，从上引《鹿鸣》，我们大可推断出"蒿"字的读音。

蒿读 hāo，易误读为 gāo。

青蒿作为中药，已有 2000 多年的历史。

2015 年 10 月，屠呦呦因"先驱性地发现青蒿素，开创疟疾治疗新方法"，获得诺贝尔生理学或医学奖。屠呦呦，名字正出自《鹿鸣》。

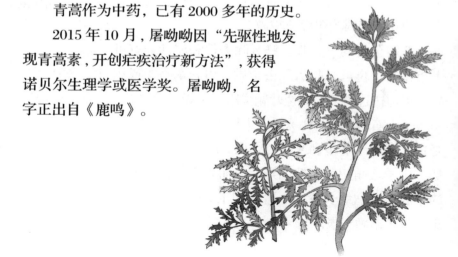

黄柏是一种中药材，据说可以泻火解毒，清热燥湿。

　　黄柏的"柏"，怎么读呢？你是不是把它读作 bǎi 了？如果是那样，那可就大错特错了！

　　柏有三个读音，分别是 bǎi、bó、bò。在黄柏一词中，柏的读音为 bò。

　　黄柏现在一般写成黄檗（bò），柏与檗同音。

bò
黄柏
~~bǎi~~
~~bó~~

　　夏末秋初，薜荔进入成熟期。青绿色的薜荔果像一个个梨子，低调地挂在枝头。薜荔果倒立摆放时似莲蓬，因此也有木莲的俗名。

　　切开后的薜荔果里都是密密麻麻的种子。薜荔的外形与无花果相似，严格来讲，它是无花果的一种，与无花果同科同属，但它的果实却不能直接食用。

　　薜荔有极高的药用价值，它药性平，味酸苦、微凉，酸能收敛，苦能清热降火解毒。

　　除了具有药用价值以外，薜荔还能做成美食。夏天很多人喜爱的冰粉，便可以用薜荔果制作。

bì
薜荔
~~pī~~

厚朴

pò

pǔ

　　我在电视上偶然看到一部电影——《黄连·厚朴》。刚开始看到电影名字时，我很疑惑：黄连是一种中药材，那厚朴是什么？电影开始后不久，我才知道厚朴也是一种中药材。

　　我根据经验，将厚朴的"朴"读作朴素的"朴"（pǔ），后来才知道它居然读作 pò。

　　《黄连·厚朴》这部电影改编自叶广芩的同名小说，讲述了中医世家龚家两代人的不同生活方式和追求产生碰撞的故事。小说用黄连、厚朴两种中药材作为名字，可见这两种中药材十分具有代表性。

柒

一读就错的词语

吱声
zī
~~zhī~~

　　吱是个多音字，有两个读音。

　　一读 zī，多形容小动物的叫声，如老鼠"吱吱"地叫。吱声的"吱"也读 zī，吱声的意思是作声。

　　二读 zhī，形容某些尖细的声音，多用于拟声词，如嘎吱、咯吱等。

xuè
血液

~~xiě~~
~~xuě~~

　　"血"字有文、白两个读音：一读 xuè（文），用作书面语读音；二读 xiě（白），用作口头语读音。

　　实际上，书面语和口头语有时候不容易区分，如果只是跟着感觉走，读错在所难免。如果按"血"字的用法来区分，倒是比较容易掌握。

　　"血"用在合成词和成语中，属于书面语用法，应读成 xuè，如血液、血汗、吸血鬼、混血儿、血海深仇、狗血喷头、有血有肉等。"血"单独使用或用在短语（词组）中，属于口头语用法，应读成 xiě，如吐了一口血、像血一样红、血块、鸡血、卖血等。

　　生活中，有人把鲜血读作鲜 xuě，这其实是错误的，因为"血"字没有 xuě 这个读音。

bāo

龅牙

~~bào~~

　　有个笑话是这样的，说有个人长着大龅牙，有个导演找到他，说他可演一角色。这人很高兴，心想，要演电影了，得注意形象，龅牙还是拔掉吧。然后他就去拔了。结果，导演看上的正是这人的龅牙。

　　请问，龅牙怎么读？请问是不是有朋友读作 bào 牙？其实龅牙的正确读音是 bāo 牙。

勉强
qiǎng / ~~qiáng~~

勉强这个词在我们的日常生活中很常用，词义不难理解，但它比较容易读错。

强是多音字，有 qiáng、qiǎng、jiàng 三个读音。勉强的正确读音是 miǎn qiǎng，可有人会把它误读作 miǎn qiáng。

有人说勉强的"勉"读作 mián，这种说法不准确。在说话时，两个三声的字连在一起，前一个字需要变调。"勉强"两个字都读三声，在实际发音时，"勉"字变了声调，读二声。但这只是口语中的变调，实际上"勉"字根本没有二声的读音，我们给"勉强"注音时还是应该注成 miǎn qiǎng。

字帖 tiè
—tiě—

　　朋友的孩子字写得不好，我建议她让孩子练练字；她用微信给我发语音，说："程老师，推荐个字帖（tiě）吧，我让孩子临帖（tiě）。"

　　我给她推荐了字帖。虽然犹豫了半天，但我还是告诉了她，字帖、临帖的"帖"字她读错了。字帖应该读字 tiè，临帖应该读临 tiè。

　　帖是多音字，有时读 tiē，有时读 tiě，有时读 tiè。

　　其实，一般人读错字帖也没多大关系，虽然读得不准，但意思大家都明白，无碍交流。但想学书法的大朋友小朋友，还是知道字帖的读法为好，毕竟要"入行"做"专业人士"了嘛。你说呢？

jiào
酵母
~~xiào~~

　　把酵母、发酵这两个词读错的人很多，酵母被他们读成 xiào mǔ，发酵被他们读成 fā xiào。这和"酵"字的表音偏旁有关系，顺着孝顺的"孝"，人们就把"酵"这个字读错了。其实这个字只有一个读音，即 jiào。

　　我们在面粉里加入酵母菌，在一定的温度下，再加一些水，酵母菌就会开始"呼吸"；酵母菌"呼"出的气体，让小小的面团"发了福"，好像吹气球一样越胀越大。

　　知道了这个现象，大家猜个谜语好不好？谜面是"发面团子"，打一成语。

　　你猜到了吗？告诉你吧，谜底是"自高自大"。

女红
gōng
~~hóng~~

做女红是很多女性所喜欢的，这事儿大概自古如此，要不也不叫女红。

女红怎么读？生活中有不少人会读错。"女性喜欢穿红着绿，女红的红自然读红色的红啊"，有人这样说。不过，如果把女红的"红"读成红色的"红"，那就读错了。女红的正确读音是女gōng。对，和女工同音。

和女工同音是不是就容易记了？我们可以写一句话，把两个词放在一起记忆：张红去了那个厂做女工；和厂里的大多数女孩一样，张红爱做女红。

yān

殷红

yīn

殷红估计很多人会读错。也许你会说，这个"殷"不是殷勤的"殷"吗，难道不读 yīn 红？告诉你，伙计，殷红还真不读 yīn 红。

殷红读 yān 红。没错，和姹紫嫣红的"嫣红"读音一模一样。不过，同样是红色，嫣红却明亮、明媚、明快多了。而殷红是发黑的红色。

鼻塞
sè
sāi

　　有哥们儿打电话，和我交流患重感冒的感受。"哥们儿，我前几天鼻 sāi，鼻子像被水泥堵住了一般，难受死了。"

　　鼻子里好像塞了东西，当然不好受，更何况塞了"水泥"。哥们儿难受，对此我深表同情。

　　不过，鼻塞的"塞"却不因为鼻子像塞了东西而读鼻 sāi。鼻塞正确的读音是鼻 sè。

　　塞是多音字，读 sāi 时是动词性，表示动作；读 sè 时，是形容词性，表示动作的结果。鼻塞是指鼻子像堵了东西一般，有一种被堵塞的感觉，因而这里的塞当然应该读 sè。

duì

怼

~~duǐ~~

近段时间，"怼"这个字很火。看谁不顺眼，怼他；看谁不服气，怼他；对谁有意见，怼他。有人只要心里有怨气，就逮谁怼谁。怼，其实读 duì，但人们更喜欢读成三声 duǐ，即使知道该读四声，也读三声。

怨怼的意思，是怨恨不满。

哈哈，我对读错怨怼这件事，确实有点小小的怨怼。

粗犷
guǎng

~~kuàng~~

有一次乘坐地铁，没座位了，我站在两位大姐旁边，听她们聊天。

"我这人有点粗 kuàng，你知道吗？在乎啥啊，多大点事儿啊？"

"人还是粗 kuàng 点好，在乎太多容易累。"

两位大姐说得没错，看来都是豁达之人。

不过，她们读错字了。粗犷读粗 guǎng，不读粗 kuàng。

大姐读错"犷"字，大概是受"矿"字的影响。两个字都是形声字，长得还挺像。但二者并不一样，读音并不相同。

<ruby>晕<rt>yùn</rt></ruby>船
~~yūn~~

我普通话说得不标准，教书的时候，常常被学生指出错误。有一次教某篇课文，有学生说我读错字了，"晕船不读 yūn 船。"我一愣，晕船居然还读错了？

下课回去查资料发现，我还真读错了，晕船，原来读 yùn 船。这真是出乎我意料的错误啊。

晕是多音字。读 yūn 时，是头脑昏乱或者昏迷的意思。读 yùn 时，意思有三：一是指日月周围的光圈；二是指光影或色彩周围模糊的部分；三是指头脑发昏，周围物体好像在旋转，有要跌倒的感觉。

这样看来，晕船只能是 yùn 船，晕车也只能是 yùn 车。

第二天见到这位学生时我对她表示了感谢。读错字，谁避免得了啊，有时学生也是我的老师。

淬火

cuì

~~zhàn~~

淬火是一种常见的热处理工艺。

淬是个形声字，左形右声，读作 cuì。从古至今的字词工具书，都将淬注音为 cuì。

但有一个有趣的现象是，一些大学里机械相关专业的老师和学生，以及社会上绝大多数从事热处理工作的科研人员和工人，都把淬火读作 zhàn huǒ。

人们写的是"淬火"，而读的是"蘸火"。

dàng

档案

~~**dǎng**~~

  "档"字的本义是器物上用以分格或支撑的木条。档案是指分类保存以备查考的文件和材料。

  档案的"档"只有一个读音：dàng。也许是因为习惯，生活中人们常把档案的"档"错读为 dǎng。

  这也很奇怪，档的右边是当，当有时读一声，有时读四声，也不读三声啊，怎么就有了这样的错读现象呢？也许错误的读法来自方言。不管怎么样，生活中把这个词读错的人确实很多。

  但是，语言文字的规范我们必须遵守。请记住，档案读作 dàng àn。

包庇

bì

pì

因为"庇"字和"屁"字"撞脸"了，所以总有一些人把包庇读作 bāo pì，把庇护读作 pì hù。

其实，包庇应该读作 bāo bì，庇护应该读作 bì hù。

庇护是保护、袒护（坏人、坏事）的意思，"庇"字下面的"比"字表读音，不表意。和"庇"字一样，现在很多形声字的声旁已经不能很好地表示读音了。

大家在遇到拿不准读音的字或不认识的字时，还是得查查资料。

piē
瞥
piě
bì

　　曹植的《洛神赋》用"翩若惊鸿，婉若游龙"来描绘洛神的美态。后来"惊鸿"便用来形容女性的轻盈如雁、婀娜多姿。"一瞥"是指很快地看一下。"惊鸿一瞥"则是指对人或物只匆匆看了一眼，却给观者留下了强烈、深刻的印象。

　　评剧《花为媒》里，张五可轻盈娇艳、貌美如花；但按照当时的礼法，她不可在花园久留，只能迅速地从月亮门隐去，这让贾俊英兴奋又惋惜。他唱道："惊鸿一瞥无踪影，光芒四照满园春……"

　　用"惊鸿一瞥"形容当时的情境，非常合适。但让人遗憾的是，《花为媒》几乎都把瞥唱为 bì。瞥只有 piē 音，而无 bì 音。无疑，《花为媒》唱错了。

　　生活中，把一瞥读作一 piě 的情况更为常见。

ruò
偌大

~~nuò~~

在微信朋友圈里，我经常发现有朋友把偌大写成诺大。大概是因为偌和诺长得太像了吧，一不小心就写错了。

我也听说过不少朋友把偌大读成 nuò 大。既然都写错了，读错也就是"情理之中"的事了。

也有的朋友，能把偌大写对，但还是读错，大概也是受诺的影响。偌和诺都是形声字，所以有人认为，既然诺读 nuò，偌也应该读 nuò。

相信自己没有错，但读音问题复杂，有时候还是需要自我怀疑，多查资料。

zhòng
中肯

~~zhōng~~

　　有人建议我少吃一点肉，说是肉吃得多容易长胖。虽然我觉得自己很难做到，但这样的建议还是很中肯。

　　中肯，就是击中要害。中肯这个词好理解，但不好读。中是多音字，一不小心就读错了。你会读吗？你是不是读成 zhōng 肯了？

　　中肯的正确读音是 zhòng 肯。

　　《庄子·养生主》提到，庖丁解牛，技术精湛，他总是找得准容易下刀的地方，也就是肯綮（qìng）。肯是附在骨头上的肉，綮指筋骨结合处。肯綮连用，指牛的要害部位。后来，切中肯綮、中人肯綮、中肯就都用来表示正中要害了。

　　所谓中肯，字面意思就是击中肯。如果击中读对了，中肯也就读不错了，是不是？

木讷
nè
~~nà~~

　　孔子说过多次"巧言令色，鲜矣仁"之类的话，他不喜欢花言巧语的人，反倒觉得木讷一点的人比较好。那么，木讷的"讷"怎么读呢？

　　"讷""纳""钠""衲"等字都用"内"表音。除了"讷"之外，其他字都读 nà，所以有些人会把木讷读成 mù nà。实际上其正确读音为 mù nè。

　　木讷虽然不是夸人的词，但我觉得，与八面玲珑、油腔滑调相比，人木讷一点反倒更可爱呢。

提防

dī
tí

　　"提"这个字太常用了。你提一桶水，我提一罐油，他提一袋子巧克力，我给你提点建议，你给我提点意见……什么？你说纠正读音这件事啊？那还是"麻绳穿豆腐——别提了"。

　　在这些情况下，我们念 tí 就是了，一般不会出错。可也有一些特殊情况。提防怎么读？提也读 tí 吗？那你就读错了。提防的"提"应该读 dī。提防的意思是小心防备。

　　读汉字的时候，我们一定要提防读错"提防"啊。同时，我们还要提防把"提防"写成"堤防"。

qǔ
龋齿
~~yǔ~~

　　这是几年前的事了。班里有一个孩子得了龋齿，他爸爸打来电话说："老师，我要带孩子去看医生，他得了 yǔ 齿。"如果这位家长没有读错龋齿，我大概现在也想不起他。

　　龋齿是常见的牙病之一。生活中，读错龋齿这个词的，应该还有吧？也是，龋齿的"龋"以"禹"字作为声旁，很容易读错。其实，龋齿不读 yǔ chǐ，它的正确读音应为 qǔ chǐ。

shuō
说服
~~shuì~~

　　"咱俩意见不一，你努力说服了我。"这句话里的"说服"怎么读？有人读成 shuō fú，也有人读成 shuì fú，到底谁读对了？

　　其实，说服的"说"应当读成 shuō。说服的意思是用理由充分的话使对方信服，说是动作，服是这个动作的结果。和说服结构一样的词，汉语里挺多的，比如打碎、吃饱等。

　　这种结构的词咱们可以用"一……就……"的结构来分解：说服，一说就服了；打碎，一打就碎了；吃饱，一吃就饱了。

　　在常用词语中，说只有在游说、说客等词中读成 shuì，除此之外，说一般读作 shuō。

kè hán
可汗
~~kě hàn~~

　　古代的少数民族，鲜卑啊，回纥啊，蒙古啊，其最高统治者叫可汗。那么，可汗怎么读呢？

　　可，一般情况下读 kě，这个字我们太熟悉了。但可是个多音字，还有一个读音是专属于可汗的，即 kè。汗，一般情况下读 hàn，这个字我们也很熟悉。但汗也是个多音字，还有一个读音是专属于可汗的，即 hán。

　　这下好了，可汗不仅地位高，在读音上也极有"特权"，一个词，两个字，每个字都有自己专属的读音。

入场券

~~juàn~~

入场券能让我们进入某个地方，但我们常常把"券"字读错。"券"字应该读作 quàn，却常被读成 juàn，也许是因为"券"字和"卷"字长得太像了。

"券"字的本义是契据，契据一般要分成两部分，所以从"刀"。而入场券也是一种契据。

"卷"字表动作，意思是把某种东西裹成圆筒形。把东西卷起来是不是得拐弯啊？所以，你看"卷"字的形旁像不像卷起来的尾巴？

毗邻

pí

~~bǐ~~

　　毗邻的"毗"，表音偏旁是比。比的本义是两个人挨着。两个人你挨我，我挨你，多近！诗句"天涯若比邻"中的比邻，就是指住得很近的邻居。

　　受比邻影响，有很多人把毗邻也读成 bǐ lín。其实，毗邻应该读 pí lín。

　　毗邻是相接的意思，多指陆地相接。这让我想到了一个成语——一衣带水。

　　一衣带水的意思是，双方之间的水域，只有一条衣带那么宽，这当然是比较夸张的说法，水域不可能那么窄。我们平常读这个成语，总是二二切分，读成一衣/带水。其实，这个成语三一切分更合乎其含义，也就是读作一衣带/水。

jǐ
给予
<del>gěi</del>

给予的意思就是给（gěi），也许正是因为这个含义，总是有人把给予读作 gěi yǔ，其实给予的正确读法是 jǐ yǔ。

给读 gěi 时多是单用。

给读 jǐ 时，可组的词较多，比如供给、补给、配给、自给自足等。

给予是快乐的，赠人玫瑰，手有余香。

讣告

fù
讣告
~~pǔ~~

　　某年，我们小区有位老人去世了，他的家人贴出了讣告。我们正在看讣告，有个大叔也凑过来。"pǔ告。"他一边看一边读。旁边的人都诧异地看着他，他开始还觉得没什么，不一会儿就好像知道了什么，便不好意思地离开了。

　　这个大叔把讣告的"讣"读成 pǔ，应该是受朴素的"朴"影响；还有把讣告读成 bǔ 告的，应该是受占卜的"卜"影响。

　　虽说形声字的声旁表音，但汉字语音古今变化也多，一不注意就会读错。

　　其实，讣告应该读作 fù 告。

jué
角色
~~jiǎo~~

　　舞台上有各种各样的角色，在漫长的人生中，我们也扮演着自己的角色。角色里有主角，也有配角。这里的"角"字，你是怎么读的？如果你读 jiǎo，那么你就读错了。

　　角色、主角、配角的"角"应该读作 jué。

　　角色的"角"儿化后读作角儿，这是对戏曲行业内有绝活的演员的尊称，后指各行业出类拔萃的人物。生活中，如果你听别人说谁感觉自己是个角儿了，那他的意思是说这个人觉得自己了不起、膨胀了。

铜臭

xiù

~~chòu~~

　　一个人如果有钱，但品格不好、唯利是图，就会被人用"满身铜臭"来形容。铜臭，该怎么读呢？

　　我估计有人乐了——臭，不就是臭不可闻的"臭"吗？铜臭，就是铜钱的臭味，所以这个字当然读 chòu 了。是这样吗？

　　铜臭的正确读音是 tóng xiù。

　　在"铜臭"这个词中，臭用的是本义，是气味的意思，铜臭就是铜钱的气味。

　　铜钱的气味说不上香，也说不上臭。

　　有人之所以会把铜臭读错，大概与他对钱的看法有关。为了钱，有的人背离亲情，甚至违法犯罪，做了很多不好的事，所以在很多人看来，钱不是好东西，自然铜钱也是臭的。不过，这明明是用钱的人不好，实在也赖不到钱身上。

chǔ
处理
~~chù~~

　　处是个多音字，有两个读音，一个是 chǔ，另一个是 chù。带"处"字的词语很多，那么处理的"处"读 chù 还是读 chǔ？处方的"处"读 chǔ 还是读 chù？

　　大家注意，在带"处"字的不同词语中，"处"字的读音还是有规律的。处读 chǔ 的时候，往往组成动词性的词，如处理、处置、处分等；而读 chù 的时候，往往组成名词性的词，如住处、好处、处处、到处、保卫处等。

jí
嫉妒
—jì—

汉语中有"忌妒"这个词，也有"嫉妒"这个词。两个词读音差不多，只是"忌"读四声（jì），"嫉"读二声（jí）。而"忌妒"更常用，所以人们常把"嫉妒"读成 jì dù。

"嫉妒"这两个字的表意偏旁都是"女"，我觉得这挺过分的。嫉妒是人类的天性啊，凭什么认为只有女性容易产生嫉妒心理呢？

汉字本身是含有某种文化信息的，像"嫉妒"就包含着古人对女性的偏见。但语言文字中的有些东西是约定俗成的，想改掉没那么容易。留着那些信息不也挺好的吗？起码这样可以让我们知道古人的偏见。

怪癖
pǐ
~~pì~~

　　"怪癖"这个词,最好结合"怪僻"来看。这两个词都有"怪"字,说明这人的性格、言语、行为都有怪异之处。

　　"癖"用"疒"作表意偏旁,"癖"是名词,"怪癖"是指古怪的癖好,也是名词。

　　怪僻的"僻"是形容词,意思是某人说话办事与常人不同。

　　怪癖也好,怪僻也罢,都是人对其他人或事的感觉。同样一种行为,有的人觉得正常,而有的人却觉得怪异。

　　"怪癖"和"怪僻"长得很像,但我们千万要记住,癖读 pǐ,僻读 pì。

xué

穴位

~~xuè~~

穴位，怎么读？读 xuè wèi 吗？当然不是。穴位的"穴"，读 xué。穴，有且只有一个读音，就是 xué。

在此之前，或许可爱的你犯过一些错误，比如把点穴读成点 xuè，把"不入虎穴，焉得虎子"中的"虎穴"读成虎 xuè。

读错的人，其实很多。我们如果"有幸"成为其中一员，那也只好耸耸肩或者吐吐舌头，告诉自己以后不要再读错了。

qiǎ

关卡

~~kǎ~~

　　为收税或警备，在交通要道设立的检查站、岗哨，称为关卡。游戏里的每一次考验，也称为关卡。

　　问题是，关卡你会读吗？

　　对于关卡，有段时间我也很疑惑：关卡的作用不就是卡人吗？那关卡肯定读 guān kǎ 啊。后来我发现自己读错了。

　　你知道吗？关卡应该读 guān qiǎ。

　　卡有两个读音，分别是 kǎ 和 qiǎ。卡车、卡片、卡带中的"卡"，读 kǎ；卡脖子、发卡、卡壳中的"卡"，读 qiǎ。

气氛
fēn

~~fèn~~

有一次，我去某电台做节目，主持人与我聊起我的《不错老师的汉字课》一书。主持人说："程老师，书里那些一读就错的汉字中，有个字我也读错了。"我赶忙问她是哪个字，她说："气氛，我读成了气 fèn。"

连主持人都容易将氛读成四声，可见气氛的"氛"读错的概率有多高。

氛是形声字，分是声旁。分是多音字，可读一声，可读四声，但氛只有一个读音，即 fēn。

戏谑

xuè

~~nuè~~

戏谑是开玩笑的意思。有的人把戏谑读成 xì nuè，这是"读半边"造成的错误。

谑读 xuè，它的本义是尽兴游乐，也指取笑作乐。

朋友之间戏谑几句是没有恶意的。相传苏东坡与佛印斗嘴，苏东坡说："狗啃河上（和尚）骨。"佛印就回一句："水漂东坡诗（尸）。"调侃并无恶意，还特别好玩。

不过，凡事要有分寸，戏谑也不能过了头。

chà

刹那

~~shà~~

刹车啊，古刹啊，估计你不会读错吧？而刹那，估计就不容易读对了。

刹那容易读错，是因为有个意义差不多的词常常与之互相干扰。这个词是霎时，有时也说一霎时。其中的"霎"，读 shà。

霎时、刹那，一霎时、一刹那，都指时间很短。于是，刹那、一刹那，有人就读作 shà 那、一 shà 那了。其实，刹那的"刹"读 chà。

刹那，到底是多长时间呢？佛教经典《仁王经》提到，一弹指为六十刹那。

你可以弹一下手指，这样六十刹那过去了。那刹那是多长时间？弹指时间的六十分之一。这下你知道刹那有多短了吧。

经过我的讲解，关于刹那的含义，你是不是刹那间就明白了？

负荷 hè
~~hé~~

"接天莲叶无穷碧，映日荷花别样红。"荷花、荷叶、荷塘，人们何其熟悉，但一熟，就容易把负荷读成 fù hé。

负荷的"荷"不读 hé，应该读"hè"。在"荷枪实弹"一词里，"荷"也读"hè"。从字面上说，"负""荷""担"都是用肩膀担的意思，负荷就是负担。

"担负"和"负担"的字面意思差不多，但在实际使用中，二者大不一样。"担负"是个动词，意思同"担""负"；而"负担"是名词，已经从本义发展为别的意思了。

我们担负重任，但不应该有任何负担，你说是不是？

即使

jì

　　人们读错汉字，有时是读错声调。比如，即使的"即"，本应读二声，但有人就读成了四声。不即不离、若即若离的"即"，你平常是不是也读成了四声？

　　即与既是形似字，但即读二声，既读四声。即使与既然，不即不离、若即若离与既往不咎，多读几遍，可以帮你记忆。

　　即的本义是接近。不即不离的意思是不接近也不离开，若即若离的意思是好像在接近又好像在离开，这两个词都是形容人与人之间的关系的。

压轴

zhòu

~~zhóu~~

经常有人把压轴错读成 yā zhóu。轴在生活中更多读作 zhóu，如车轴、轴承等。压轴被读错，当然是受车轴等词的影响。

压轴应该读作 yā zhòu。这其实和戏班的传统有关。

zhòu 音和胄有关。以前武生上场前都要穿上甲胄，所以胄子就是武戏。而好看的文戏，往往比武戏更惊心动魄，所以叫压胄子。不过，因为"胄"字不常用，人们平常就把"胄"写成了"轴"，久而久之，这便成了习惯。但 zhòu 的读音却没有变，压轴还是读作 yā zhòu。

<ruby>霰<rt>xiàn</rt></ruby>弹枪

~~sǎn~~

~~sàn~~

"霰弹枪"三个字出现在《咬文嚼字》编辑部公布的"2022年十大语文差错"中。很多人把霰弹枪读成 sǎn 弹枪，甚至还有人读成 sàn 弹枪，其实，其正确读音是 xiàn 弹枪。

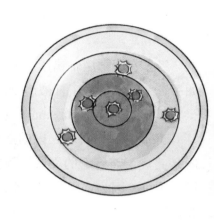

霰字中的"雨"是表示意义的，"散"是表示读音的，所以霰是个形声字。但霰又不是普通的形声字，而是属于形声字中的亦声字。亦声字中的声旁除了表示读音，还可以表示意义。

霰是空中降落的小冰粒，飘飘洒洒，四处分散，所以"散"除了表示读音以外，还可以表示意义。

霰是天上飘落下来的分散的小冰粒，而霰弹枪发射子弹后会喷射出很多小弹丸，这些弹丸分散而出，就像霰一样，所以这种枪叫作霰弹枪。

<ruby>载<rt>zài</rt></ruby>人飞船
~~<ruby>zǎi<rt></rt></ruby>~~

　　多音字怎么读是一个问题，稍有不慎，就可能读错。比如，载人飞船的"载人"本该读 zài rén，偏偏有人错误地将它读成 zǎi rén。

　　载读 zǎi 时，一是指"年"，如三年五载、一年半载；二是指"记录"，如记载、刊载。

　　载读 zài 时，有时指"载物"或"承载"，如载重、装载、载人"等；有时是"又"的意思，如载歌载舞。

　　一般来说，zǎi 的读音和日期有关，zài 的读音和日期无关。下载怎么读？其和日期没有直接关系，当然是读 xià zài 了。

wèi

因为

~~wéi~~

　　一天，妈妈像往常一样，让女儿读课文给她听。女儿读到"因为"两个字时，妈妈忍不住打断了一下。因为不是读 yīn wéi 吗？女儿读 yīn wèi，妈妈听着很别扭，赶紧纠正她。

　　但女儿不服气，她说老师就是这么教的。看女儿态度坚定，妈妈有些怀疑自己，在微信上询问老师后，才知道自己真的读错了。

　　其实，读错因为的人，生活里太多了。为什么读错？多半是因为对为的词性和词义不甚了解。

　　为是多音多义词。

　　为读 wèi 时，多用于介词；为读 wéi，意义是做或做引申出来的，多用于动词。

　　因为应读 yīn wèi，而不能读成 yīn wéi。

^{tóu}
骰子
~~shǎi~~

"玲珑骰子安红豆，入骨相思知不知。"这是唐朝温庭筠的诗句。请问，诗句里的"骰子"怎么读？ tóu zi？ shǎi zi？ gǔ zi？

估计会有不少朋友选错，gǔ zi 当然不对，shǎi zi 呢？好像有点靠谱，喜欢搓麻将的朋友，谁没掷过几把 shǎi zi？

其实，shǎi zi 对应的词是色子。色子又叫骰子，而骰子读作tóu zi。

骰子的发明人据说是三国时期的曹植，骰子最初是用来占卜的工具。但是中国本土的骰子多为 14 面和 18 面。秦汉以后，随着中西文化交流，这才出现了如今常见的骰子。

总结一下，骰子就是色子，但色子读 shǎi zi，骰子读 tóu zi。

拖累 lěi

~~lèi~~

有人说："拖累这个词，我就从来没读对过。"哈哈，其实我也是。就算现在按正确的读音读拖累，我还是觉得别扭极了。

累是个多音字，有三个读音：lèi、lěi、léi。拖累的"累"，我们常常读成四声，其实正确的读音是lěi。

累读lèi时，意思是疲劳、操劳，比如"我累了""别累着它"。

累读lěi时，意思有积累、屡次／连续、牵连等，比如累次、累积、累加等。拖累的"累"也读lěi，表示牵连，比如"受孩子拖累"等。

累读léi时，和其他字组成词后才有实意，比如累累，意思是憔悴颓丧的样子，如"累累如丧家之狗"。

láo
唠叨

lāo

　　唠叨可能是父母这种角色的"常规武器"。虽然知道孩子都烦唠叨，但不唠叨的父母能有多少呢？

　　问题是，唠叨怎么读呢？你是不是把它读成了 lāo dao ？

　　其实，唠叨的正确读音是 láo dao 。

　　唠是多音字，一读 láo，如唠叨；二读 lào，如唠家常。记住，唠根本没有 lāo 这个读音。

　　唠（láo）叨没有意思，唠（lào）唠倒还不错，是吧？以后咱就多和孩子唠（lào）唠，少唠（láo）叨，如何？

道行

heng

xíng háng

电影《狄仁杰之四大天王》中，皇帝在仪鸾殿召见江湖术士幻天真人，并对他说道："据说你道行高深，还能破案除妖……"演员在说这段台词时把"道行"之"行"错读成了 háng。其实，此处的道行应读为 dào heng。

道行指僧道修行的功夫，如《红楼梦》第一○一回中的"这个散花菩萨，根基不浅，道行非常"，后亦泛指人的涵养，还可以指能力、本领，如道行深。

幻天真人据说能破案除妖，这里的"道行"显然与功夫、本领相关，故而应读 dào heng，而不读 dào xíng，更不可读 dào háng。

捌

一读就错的成语

繁文缛节
ru
rǔ

　　为写这本书找成语，编辑小朱发来微信："程老师，加上繁文缛节，读错的人多。"繁文缛节容易读错?

　　"不读繁文 rǔ 节吗?"我懒得打字，便用语音回复小朱。"真不那么读，应读繁文 rù 节。"小朱笑着说。

　　防不胜防啊。繁文缛节的"缛"是形声字，从辱得声，我就从来没怀疑过它对"辱"字的"忠心"，这家伙居然"变节"，读 rù。

　　不过，稍一静心，褥子映入眼帘。"我是褥子，'褥'字不也从辱，也读 rù 啊。"褥子的声音很大，震我耳鼓。

　　还是我普通话不过关。不写这本书，我还会一直读错呢。

血脉偾张

fèn

~~pēn~~
~~bēn~~

　　某电视节目的主持人深情地说："这雄壮的歌声，真是听得让人血脉 pēn 张啊！"显然，他读错了一个成语——血脉偾张。

　　血脉偾张的"偾"读 fèn，本义是奋、起；张，即扩张。清代纪晓岚《阅微草堂笔记·如是我闻三》："亢阳鼓荡，血脉偾张，故筋力倍加强壮。"现在此词多用来形容激动、亢奋。

　　很多人认字，是跟着感觉走，理所当然地认为"偾"和"喷"长得差不多，应该是"一家"的，还自认为血脉喷张特别形象，体现了情绪高亢，快要流鼻血的样子。

　　还有的人把血脉偾张写成血脉贲张，从而读成血脉 bēn 张，其实这也是错误的。

　　记住，血脉偾张读作血脉 fèn 张。

呱呱坠地

gū

~~guā~~

宝宝降生，我们常常用呱呱坠地来形容。不过，有不少的人把这个成语读错。你是不是听到过有人读作 guā guā 坠地？

呱呱是孩子的哭声，呱呱坠地读成 guā guā 坠地，难免让人想到鸭子或者青蛙，似乎不太合理。

呱呱坠地，正确的读法是 gū gū 坠地。

读成 gū gū？大概你会不服气：孩子的哭声，固然不像鸭子或者青蛙的叫声，难道就像鸽子的咕咕声？

其实，这牵涉到古今语音变化，也和文白异读有点关系。

语言文字有时候挺复杂的，不过也美妙，如果你对呱呱坠地有兴趣，不妨研究一下。

飞来横<ruby>祸<rt>hèng</rt></ruby>

<del>héng</del>

"老张很横，走路像张牙舞爪的螃蟹，横着走，还喜欢横行霸道欺负老实人。就这样的人，横穿马路被车撞死，岂不是活该？他家人还好意思说这是飞来横祸。"

这段话里有好几个"横"字，你试着读一读。我估计每个都读对的人不会太多。看看这几个"横"字的读音：很横（hèng），横（héng）着走，横（héng）行霸道，横（héng）穿马路，飞来横（hèng）祸。你都读对了吗？

这几个"横"字，读错最多的我估计是飞来横祸，读飞来héng 祸的应该不少。在这里，横读 hèng，意思是意外的。

这段话里的老张，确实有些毛病，但不至于该死。人都死了，人家家人感慨说这是飞来横祸，实在也不为过。说话不宜太过尖刻。

jiān　　　　fà
间不容发
~~jiàn~~　　　　~~fā~~

　　间不容发这个成语，容易读错，尤其是"间"与"发"俩字最易读错。这两个字都是多音字，稍不注意，就会读错。

　　为避免读错字，理解成语的含义是关键。

　　间不容发，意思是说两者之间容不下一根头发。两者之间的"之间"会读吧？一根头发的"头发"读不错吧？

　　间不容发，读 jiān bù róng fà。

　　"发"字读错和汉字简化有关。

　　头发的"发"和出发的"发"，二者的繁体字本不是一个字，头发的"发"是髮，出发的"发"是發。

　　髮与發，读音也截然不同。汉字简化把没有关系的两个字合为一个字，或许这就是其不合理的地方，值得商榷。

　　间不容发，比喻情势危急到了极点。

踔厉奋发

chuō
~~zhuō~~

在《咬文嚼字》编辑部公布的"2022年十大语文差错"中，成语"踔厉奋发"的误读名列第一。

踔厉奋发的使用，是这几年渐渐多起来的。2022年，踔厉奋发频频出现于文件报告、新闻报道、宣传横幅中。

这个成语里的"踔"，应该怎么读呢？很多人读zhuō，其实是读错了，正确的读法是chuō。

踔厉奋发出自韩愈《柳子厚墓志铭》："议论证据今古，出入经史百子，踔厉风发，率常屈其座人。"后来，踔厉风发多写作踔厉奋发，用来形容精神振奋、斗志昂扬。

踔是跳跃、超越的意思，踔厉则是精神振奋的意思。

六畜兴旺

chù

~~xù~~

　　你知道六畜兴旺中的"畜"怎么读吗？畜牧读 xù 牧，六畜读六 xù？非也。畜是多音字，有两个读音，一读 xù，二读 chù。六畜不读六 xù，而读六 chù。

　　六畜指的是哪六畜？六畜包括马、牛、羊、猪、狗、鸡。家畜，是由人类饲养驯化，而且可以人为控制其繁殖的动物。驯化饲养家畜，要么是为了吃，要么是为了用。六畜的"地位"是不一样的。古人一般认为，马、牛、羊为上三品，鸡、狗、猪为下三品。古人以上下三品划分六畜，主要看家畜是否能代替人力劳动。但羊怎么也被划归为上三品呢？这和羊的一些功能有关。羊在古代象征着吉祥如意，人们在祭祀祖先的时候，常把羊当作第一祭品，所以，人们当然会高看羊了。

引吭高歌

háng

~~kàng~~

　　我和几个朋友聚会，特别高兴。饭罢，一朋友余兴尚浓，"走，哥儿几个，歌厅，让我们引 kàng 高歌。"我们也是精神亢奋，就一起去吼了几嗓子。

　　当时是不能指出朋友读错字的，这和唱歌相比，唱歌大概是小事。不过，我是知道朋友读错了的。引吭高歌的"吭"读错了，这个字不读 kàng，而应该读 háng。

　　吭是喉咙的意思，引吭高歌不过就是放开喉咙唱歌罢了。朋友之所以犯错，就是受高亢的读音的影响。"吭"字以亢为声旁，朋友被"亢"字带进"坑"里了。

chēng
瞠 目结舌
~~táng~~

　　"瞠目结舌"这个成语的意思不难理解，用起来也不容易出错，容易出错的是"瞠"的读音。

　　我不止一次听人把这个成语读作 táng 目结舌。

　　我也好几次听人把电饼铛读成电饼 dāng。可能是因为他们觉得，"瞠"的右边是"堂"，"铛"的右边是"当"，就可以都按照右边的读音来读。见字仅凭感觉读半边，就容易读错。

　　其实，"瞠"不读 táng，"铛"也不读 dāng。瞠目结舌的"瞠"和电饼铛的"铛"读音相同，都是 chēng。这两个字都是以右边的部分为表音偏旁，把它们一起记住就好了。

负隅顽抗

_{yú}

<del>ǒu</del>

负是靠的意思，隅是角落，靠在角落里顽固抵抗就是"负隅顽抗"。

这个成语挺有画面感的：一个人和别人打斗，且战且退，最后被逼到角落，但此人仍然不服，背靠角落，顽固抵抗。

这个成语中，被逼到角落继续抵抗的其实是敌人。一个"顽"字，就给这个成语定下了贬义的基调。

有人把隅错读成ǒu。隅以"禺"为表音偏旁，禺读yú。对于"隅"字，你要真读半边，还真碰上了、读对了。可是以"禺"作为表音偏旁的字，有的偏偏读ǒu，比如最常见的"偶"。也许正是受这个字影响，有人就把隅错读成ǒu了。

^{biàn}

便宜行事

~~pián~~

  汉语里有同形词，就是两个词"撞脸"了，长得一模一样，却不是一个词。便宜（pián yi）与便宜（biàn yí）就是这样的同形词。二者读音和意义都不同。

  便宜（pián yi），我们很熟悉，比如"商场里蔬菜很便宜""他这人喜欢占便宜"。便宜（biàn yí），我们就相对陌生，其意思是方便，比如出入便宜。

  便宜行事，有人读成 pián yi 行事，估计是受便宜（pián yi）的影响，其正确读音是 biàn yí 行事。

叱咤风云

zhà

chà

叱咤是怒喝。一声怒喝，可以使风云翻腾起来，这威力得有多大啊。叱咤风云是个褒义词，说谁是叱咤风云的人物，无疑是对他极大的夸奖。历史上有许多叱咤风云的大人物，比如秦皇汉武、唐宗宋祖。但是，"叱咤风云"这个词用来用去，应用范围越来越广。比如小孩子好好学习，长大后在某个领域有了不错的成就，也可以说是叱咤风云。

我不止一次听到有人把叱咤读成 chì chà。以"宅"为声旁的字，最常见的应该是惊诧的"诧"，读 chà。也许是受这个字的影响，一些人就把咤读错了。我们在确定一个字的读音的时候，还是要慎重使用类推的方法。

强 词 夺 理

qiǎng

~~qiáng~~

明明没有理，还非得说成有理，就是强词夺理。这时，可能有人会将拇指一竖，说"得，你厉害，你强，我服了"，然后悻悻而去。

你强词夺理，人家惹不起躲得起，说你厉害你肯定不信，反话嘛。强词夺理的"强"，老有人读错，这其实也是不理解"强"字所致。强词夺理的"强"，并不是强大的"强"。

强词夺理的"强"是勉强，勉强怎么读？应读作勉 qiǎng。所以，强词夺理正确的读音是 qiǎng cí duó lǐ。

心宽体胖
pán
~~pàng~~

　　"心宽体胖"这个词用来形容一个人的心胸开阔、体貌泰然。那心宽体胖的"胖"应该怎么读呢？

　　有人纳闷儿："胖显然读 pàng 啊，因为心宽、不操心什么事儿，人就容易长胖，不是吗？"

　　还真不是。心宽体胖的"胖"不读 pàng，而读 pán，意为安泰舒适。

　　"胖"字读 pàng 是一个误会。

　　原先有个"肨"字，表示肿胀，这个字才读 pàng。后来，古人把"肨"写成了"胖"，这大概是因为"肨"字不常见，"丰"与"半"又长得有点像。

　　也就是说，"胖"字表示身体丰满，是古人写了别字，后人将错就错造成的。

pián pián

大腹便便

~~biàn biàn~~

　　大腹便便，是形容人肚子大的样子。不过，我说自已大腹便便，一般算是自嘲，但如果说别人大腹便便，那还得慎重。大腹便便，略含贬义。

　　大腹便便容易读错，说不定，你现在就已经读错了。提醒你一下，便便，不读 biàn biàn。

　　大腹便便的"便便"，读 pián pián。在这里，便便是形容肚子大的样子。易错的成语读三遍，大腹便便、大腹便便、大腹便便，这下你会读了吧？

自怨自艾
yì
~~ài~~

自怨自艾的"艾"经常有人读错，大概是因为它是多音字，也可以读 ài。

需要注意的是，自怨自艾的"艾"应该读作 yì。

"怨"是怨恨、悔恨，"艾"是治理、惩治。"自怨"是说自己怨恨自己；"自艾"是说要改正自己的错误。

成语"自怨自艾"的本义是悔恨自己的错误并自己改正，现在这个成语只剩下悔恨的意思了。

犯了错误、遭遇挫折，自怨自艾是没有用的。人喝凉水都有塞牙的时候呢。与其自怨自艾，不如振作起来，想想办法。

mò
蓦然回首

~~mù~~

有人非常喜欢"蓦然回首，那人却在，灯火阑珊处"这句词。但不幸的是，他可能每读一次就错一次。

蓦然回首的"蓦然"应该读 mò rán，可他读成了 mù rán。

这句词出自辛弃疾的《青玉案·元夕》，是写爱情的。

"蓦然"就是突然，"蓦然回首"就是突然回头。这句词的意思是"突然回头，看见我的心上人，正站在灯火朦胧的地方"。

写得多好，这就是人间最美的相遇。

"蓦然回首"这么文绉绉的一个词，本来应该让你显得更有文化，但如果你把它读成了"mù rán hui shǒu"，就有点儿露怯了，就显得没有文化了。

duō duō
咄咄怪事
~~chū chū~~
~~zhuō zhuō~~

　　有个成语，叫咄咄怪事。怪事就怪事吧，何谓咄咄怪事？咄咄怪事的"咄咄"又怎么读？也许，有的朋友已经满脑子疑问了。

　　其实，咄咄是叹词，模拟人的惊叹声。咄咄怪事，意即"哎呀，竟有这等怪事！"咄咄如何读？ chū chū 怪事？ zhuō zhuō 怪事？

　　瞎猜，当然容易错。咄咄怪事，正确的读音是 duō duō 怪事。

　　咄咄怪事语出《世说新语·黜免》，这个故事讲的是殷浩在信安被废黜，成了平民，从此，他天天在屋子里，用手在空中比画，大家研究了半天，才知道他比画的是四个字：咄咄怪事。

　　殷浩不是不能说，是不敢、不便多说。但眼有所见，心有不平，不说憋得慌啊。于是，他就变说话为比比画画了。

huì
诲人不倦
~~huǐ~~

　　"学而不厌，诲人不倦。"前一句讲学习态度，学习不知满足；后一句讲教学态度，教诲人忘记了疲倦。孔子被尊为"万世师表"，他的这两句话也就成为学校老师们的常谈。

　　曾经听一位校长讲话，他把诲人不倦的"诲"读成 huǐ，于是诲人不倦在听觉上便成了"毁人不倦"。

　　声调易读错的汉字不少，大家务必注意。比如，纰漏的"纰"应该读一声，但常读作四声；拘泥的"泥"经常读作二声，其实应该读四声；占卜的"占"不读四声，应该读一声。

　　说到唠叨，这则唠叨的词是不是有点多了？如果因此你烦了，从而觉得汉字太没意思，我诲人不倦真成了毁人不倦。暂停暂停。

弄巧成拙
zhuō

~~zhuó~~

弄巧成拙的"拙"，总有人读成 zhuó，我估计他们是受"浊"字的影响。弄巧成拙，事儿办砸了，也许会怪自己眼神浑浊？

拙的正确读音是 zhuō，拙有且只有一个读音。拙是笨的意思，在"弄巧成拙"这个成语里，拙是巧的反义词。

世界上弄巧成拙的事很多，实在是不太合算。而天底下最无奈的弄巧成拙，大概是搬起石头砸自己的脚吧。

做事还是老实点好，你说呢？有时候，最"笨"的办法往往是最好的办法。

wán kù

纨绔子弟

~~zhí kuā~~

不怕你笑话，"纨绔子弟"这个成语以前也读错了，而且是前面两个字读错了。你知道我是怎么读的吗？我读的是 zhí kuā zǐ dì，原因无非就是"纨"长得有点像"执"，"绔"的右边是"夸"。

现在你肯定知道这个成语的正确读音了，对，它读作 wán kù zǐ dì。

"纨绔"其实是指富家子弟穿的细绢做成的裤子，"绔"同"裤"。这些人的裤子太有特点，给人们的印象太深了，所以人们就称这些人为"纨绔子弟"。

这让我想起自己的青年时代，有段时间流行喇叭裤。喇叭裤很多年轻人喜欢，可有些上了岁数的人却总觉得穿这样裤子的人不"正经"。

你看，即使到了现代，人们有时还是喜欢通过裤子来评价别人。

chèn
称心如意
~~chèng~~

在一些方言里，前鼻音 en 和后鼻音 eng 是不分的。对于这些地区的人来说，"老陈"和"老程"听起来一模一样。

正确读"称"字的难点也在这里。这个字有三个读音：chēng、chèng、chèn。后两个读音都是四声，区别在于前者是后鼻音，而后者是前鼻音，所以有的人根本分不清。

称心如意的"称"应该读作 chèn，但有不少人把它读成了chèng，常读错的还有称职。称读 chèn 的时候，是适合、相当的意思。

其实，如果知道自己分不清前后鼻音，那么有意识地练练就好了。比如，你可以练练下面这句话："老陈（chén）是老陈，老程（chéng）是老程，老陈不是老程，老程不是老陈。"这样一练，你还和老程我更熟了呢。

老陈

老程

<ruby>拾<rt>shè</rt></ruby>级而上
~~shí~~

爬山可是很辛苦的，得一级一级爬上去。有个词就是形容这个过程的，叫拾级而上，有的人把这个词读作 shí jí ér shàng。

这些人还解释呢，"像泰山十八盘那么陡的台阶，爬起来费劲儿啊，得像拾（shí）东西一样，把台阶一级一级地拾起来。"

还有人这样说："爬台阶不是很累吗？咱们得像对待敌人一样，一级一级地收拾（shí），所以读 shí jí ér shàng。"

实际上，"拾级而上"这个词应读作 shè jí ér shàng。明代的《洪武正韵》里说，"拾"字原本通"涉"，也就是跋山涉水的"涉"，但后来人们用"拾"代替了这个字，从此"拾"就读"涉"（shè）了。

kuài zhì

脍炙人口

~~huì yàn~~

　　"脍"与"炙"都是美味。"脍"是形声字，左边是"月"，表意；右边是"会"，表声。"脍"的意思是切碎的肉。"炙"是会意字，上面是"肉"，下面是"火"，结合起来也就是烤肉的意思。

　　把精肉切得细细的，做成美味，当然好吃；把肉放在火上烤，烤得香喷喷的，当然也好吃。

　　美味人人都爱吃，就像好的文章人人都喜欢读一样，因此"脍炙人口"这个成语，后来用于比喻好的诗文或事物受到人们的称赞。

　　生活里总有人把这个成语读错，脍炙人口被他读成 huì yàn rén kǒu。前一个字属于读半边读错，后一个字是把"炙"和"炎"弄混了。脍炙人口的正确读法是 kuài zhì rén kǒu。

强劲有力
jìng

~~jìn~~

我小时候喜欢听评书。在《隋唐演义》里，李元霸使的是一对铁锤，四百斤一个，天下无敌。如果咱们给李元霸配个形容词——强劲，你觉得怎么样？力大无穷，岂不就是强劲？其实"强劲"这个词还有个"好伙伴"，那就是"有力"，它们经常一起出现——强劲有力。

好像是受"有力"的影响，有人一直把强劲有力的"劲"读jìn，可能是觉得强劲有力不就是有劲儿嘛。我敢说，生活里很多人都是这样读的。

实际上，强劲有力的"劲"不读jìn，而是读jìng。

劲是多音字，读jìng时是形容词，意思是坚强有力，比如强劲、苍劲、遒劲、劲拔等。

一模一样

mú
mó

有首歌叫《因为爱情》，其中有这样一句歌词："因为爱情，不会轻易悲伤，所以一切都是幸福的模样。"此处的"模样"，有的人唱成了 mó yàng，我每次听到这儿都感觉很别扭。因为模样的正确读音是 mú yàng。

模样读错了，有好几个与"模"有关的词，一些人也就跟着错读成 mó 了，比如一模一样、有模有样，其实这两个词语中的"模"都读 mú。

一些人把模样读错，和模是多音字有关系。模有两个读音，既可以读 mó，也可以读 mú。模读 mú 时，构成的常见词有模板、模具、模样、模子等。

只要我们记住这些词，其他词语中的"模"，我们就可以放心大胆地读为 mó 了。

宁缺毋滥
nìng wú

~~níng~~ ~~wù~~

　　一个老同学和我聊天时，说起他被所谓朋友"坑"的经历，他感慨说："人生得一知己足矣，交朋友宁缺毋滥。"老同学的感慨里，透着失望与无奈。

　　我很同情他的遭遇，但对他读错字，我也生发了感慨："宁缺毋滥"四个字他读错了两个，即"宁"和"毋"。

　　汉字有时很调皮，简直像个坏孩子。在读音上，它常常给人"挖坑"，让人防不胜防。

　　宁缺毋滥的第一个"坑"是宁，这是一个多音字，有 níng 和 nìng 两个读音，我的这位老同学读作了 níng。其实宁缺毋滥的"宁"应该读 nìng，是宁可的意思。

　　宁缺毋滥的第二个"坑"更大。生活里有更多的人掉在"坑"里"不能自拔"。毋是不要的意思，有且只有一个读音，即 wú，但一些人似乎更喜欢错读成四声。

　　掉到读音的"坑"里，我的老同学却不自知，我是不是应该把他从"坑"里拉出来？

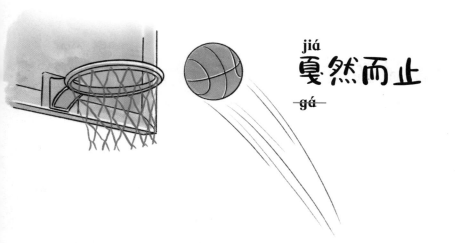

戛^{jiá}然而止

gá

有一位朋友把戛然而止的"戛"读成了 gá，我给他指出错误，他很纳闷儿，"我读错了？这个成语的意思难道不是"gá"的一声就停止了？"

其实，这位朋友的理解方向是对的。戛然而止的"戛"，确实是拟声词，戛然形容声音突然停止。

但戛然而止的"戛"并不读 gá，应该读 jiá。

有趣的是，"戛"字也可以读 gā。大家熟悉的戛纳的"戛"就读 gā，戛纳是一个音译词。

183

jǐng

以儆效尤

jing

　　人与人之间很容易相互影响，群起效尤，可能会造成大麻烦。所以，总有管理者，杀鸡骇猴，以儆效尤。

　　以儆效尤的"儆"是使人警醒不犯错误的意思。意思好理解，但"儆"字从敬得声，就容易读错。生活里，有人跟着感觉走，读半边，将以儆效尤读成以 jing 效尤。其实，儆的正确读音是 jǐng。

玖

一读就错的古诗词

返景入深林，复照青苔上

jǐng

~~yǐng~~

这两句诗出自王维的《鹿柴》，但其中的"景"怎么读，是读 jǐng，还是读 yǐng ？

"景"的本义为日光，引申为日影，再引申为一切影子。无论是指日光、日影，还是一切影子，都读 jǐng。后人为区别本义，就为"日影"及"一切影子"这两个引申义造了一个"影"字。

所以，"影"是"景"字"日影"一义的后起区别字，"景"是"影"的本字，"景""影"是古今字。

"影"字出现以后，"景""影"二字多已区别使用。"日光"义仍写作"景"；而作为"日影""影子"义的"景"则多由"影"来代替，较少写作"景"了。

《鹿柴》里"返景入深林，复照青苔上"中的"景"指的是日光，所以读 yǐng 是错的，应该读 jǐng。

186

今我来思，雨_{yù}雪霏霏

（标题拼音 yù / yǔ）

我在山东教书的时候，某届学生里有个男孩叫谢雨霏，雨读如下雨的"雨"。当时知道他的名字出自《诗经·小雅·采薇》，但从没想过其中的问题。

"雨雪霏霏"的"雨雪"不是雨加雪，而是下雪。这句诗是说大雪下得纷纷扬扬。这里的"雨"，是个动词，是指下雨或雪。雨作动词时，读 yù。所以，"雨雪霏霏"的"雨"不是下雨的"雨"，而应该读四声。

看样子，谢雨霏是该叫谢 yù 霏的。但名字就是符号，约定俗成，我们还是喊他谢雨霏，雨仍然读如下雨的"雨"。

居高声自远，
非是藉秋风
jiè

jì

有的人读诗，跟着感觉走，可跟着感觉走往往容易掉进"坑"里。

"居高声自远，非是藉秋风"这两句诗出自虞世南的《蝉》，"非是藉秋风"的"藉秋风"，有些人跟着感觉读成了 jì 秋风。

藉是个多音字，狼藉读作狼 jí；同"借"时，自然读音也同"借"，读作 jiè。除了这两个读音，藉没有其他读音。所以，哪来的 jì 这个读音呢？把"藉秋风"读成 jì 秋风，完全就是读错了。

"慰藉"一词中的"藉"也同"借"，也读作 jiè，意思是安慰，抚慰。有人读成慰 jì，自然也是错的。

远上寒山石径斜，
白云生处有人家

有个朋友在微信里问我，"远上寒山石径斜"的"斜"，原来不是读 xiá 吗？怎么现在都改读 xié 了？

其实，"远上寒山石径斜"的"斜"改读 xié，这种说法是不正确的。因为"斜"字在现代汉语中原本就只有一个读音——xié，并不存在改读音的问题。

为了押韵，在"远上寒山石径斜"之类的诗句中，"斜"字可以读成 xiá；但就读音的正确性来讲，现代人采用现代汉语的读音，"斜"字是应该读 xié 的。

一骑红尘妃子笑，
qí

无人知是荔枝来
jì

汉字里有不少多音字，这给人们带来了许多麻烦。"一骑红尘妃子笑"的"骑"，如何读？

这里的"骑"，按以前的说法，不能读 qí，得读古音 jì。一骑（jì），是指一匹马加一个人。荔枝，是一个人骑着马送来的，所以说是一骑（jì）。

不过，现在有了新的规范，一位老师告诉我："中小学教学古诗都按现代汉语读音读，但是学生读古音，老师也不纠正。学生问，老师就讲讲原委，不问就不讲。"

也就是说，"一骑红尘妃子笑"中的"骑"，现在规范的读音是 qí。

我们读古诗，可以循着原来的读法读，但教学，还是按规范来教比较好。

人生在世不称意，
明朝散发弄扁舟

piān

~~biǎn~~

　　和李白一样，我也有过梦想，就是闲暇时弄一叶扁舟，到大海深处漂荡。当然，我不会游泳，这梦想有点儿危险。

　　不过不要担心，那只是我的梦想而已。我们还是关心一个小问题吧：诗里的"扁舟"，你是怎么读的？

　　有人会说，小船扁扁的，肯定读 biǎn zhōu 啊。那样读就错了。

　　注意，"扁舟"的"扁"应该读 piān，是小的意思。我们常说的一叶扁舟，就是指一艘小船。

　　一叶扁舟本是把小船比作一片树叶。在浩瀚的大海上，你驾驶的小船，是不是正像树叶一样轻盈？

中军置酒饮归客，
胡琴琵琶与羌笛

这两句诗出自岑参的《白雪歌送武判官归京》。"中军置酒饮归客"的"饮"，怎么读呢？读如饮食的"饮"是错误的，正确的读音是 yìn 。

饮有两个读音：yǐn 和 yìn。饮（yìn）其实是饮（yǐn）的使动用法。饮（yǐn）是喝水的意思，饮（yìn）的意思就是"让……喝水"。诗里的"饮归客"，意思是让即将归京的客人喝酒。

我想到了一个词"驴饮"，其中的"饮"读 yǐn，意思是像驴一样喝水。其实，我就是一个喜欢驴饮的人，喜欢用大杯子，倒上白开水，晾凉后，咕咚咕咚喝完，痛快。

我又想到了"饮驴"，其中的"饮"读 yìn，意思是放一桶水在驴面前让它喝。小时候，我真还饮（yìn）过驴呢。

旧时茅店社林边，
路转溪桥忽见

xiàn

~~jiàn~~

古诗词中，见出现了两个读音，一个是 xiàn，另一个是 jiàn。《现代汉语词典》（第 7 版）标注读音"xiàn"时，说"见"同"现"。"见"是一个通假字。

通假的"假"是"通用、借代"的意思，即用读音相同或者相近的字代替本字。通假字本质上属于错字或别字，但在以前属于正常现象。

"旧时茅店社林边，路转溪桥忽见"这两句词出自辛弃疾的《西江月·夜行黄沙道中》，该词描写了丰收月夜的恬静。这美丽的景色，随着词人的脚步一点点出现，曾经那印象深刻的溪流、小桥出现在他的眼前。这里的"见"是呈现、出现的意思。"见"是"现"的通假字，应该读作 xiàn。

蓬山此去无多路，
青鸟殷勤为探看

kān

<del>kàn</del>

这两句诗出自李商隐的《无题》，这是一首七律，律诗是讲究格律的，也就是要讲究平仄。

汉语是有声调的语言，在唐朝，汉语的声调有四：平上去入。平仄是针对声调说的，平声是平声，仄声就是上去入三声。律诗有严格的平仄要求。

汉语发展到现在，平声分为阴平和阳平，入声消失了，四声变为现在的四声。不考虑入派三声的因素，所谓的平声是阴平和阳平，即一声和二声；仄声是上声和去声，即三声和四声。

"蓬山此去无多路，青鸟殷勤为探看"也得遵守格律，按格律要求，此联最后一字应该是平声。"看"现在有 kàn 和 kān 两个读音，"青鸟殷勤为探看"的"看"应该读作 kān。

云想衣裳花想容，

cháng

~~shang~~

春风拂槛露华浓

jiàn

~~kǎn~~

这两句诗有两处容易读错。

第一处是第一句里的"衣裳"。现代汉语里的"衣裳"是一个词，而在古代，衣裳是两个词，衣指上衣，和现在一样读 yī；裳指下衣，读 cháng，并不读 shang。汉字自古至今，意义和语音都有变化，以今套古，难免出错。"云想衣裳"的"裳"，正确读音是 cháng。

第二处容易读错的地方，是"春风拂槛"的"槛"。"槛"字有两个读音：kǎn 和 jiàn。诗中的"槛"字读什么呢？从字义来判断，读对还是比较容易的。读 kǎn 的时候，"槛"字的意思是门槛；读 jiàn 的时候，"槛"字的意思是栏杆。

李白作诗，弄个门槛在诗里，美吗？在古代，一女子趴在门槛上，像话吗？而栏杆呢？女子倚着栏杆，若有所思，多有诗意。因此，"槛"应读 jiàn, 指的是栏杆。

问渠那（nǎ/n̶à̶）得清如许？

为（wèi/w̶é̶i̶）有源头活水来

这两句诗中的"那"和"为"都容易读错。

"问渠那得清如许"是问句，"那"应该读 nǎ，意思是哪。有人之所以读 nà，应该是没想太多，照自己最熟悉的音读了。

"为"是多音字，读 wéi 和 wèi。很多人把"为有源头活水来"的"为"读成 wéi，那就是读错了。"为"（wéi）大体上是做的意思，而这里的"为"，读作 wèi，是因为的意思。

"因为"这词经常有人读错，所以"为有源头活水来"的"为"读错也就不难理解了。

马作的卢飞快，
dì

弓如霹雳弦惊
dí

的卢是三国名马之一，原为刘表手下降将张武所有，后来刘备得到此马后便想送给刘表，但刘表的一位谋士认为此马"眼下有泪槽，额边生白点，名为'的卢'，骑则妨主"，因此刘表便找借口把马还给刘备。

后来，刘备骑的卢逃跑，危急时想起之前的话，着急地大叫："的卢，的卢！今日妨吾！"话音刚落，马忽然从水中跃起，飞上对岸。

此故事让的卢马名声大噪，而辛弃疾的"马作的卢飞快，弓如霹雳弦惊"，更使得的卢马声名远扬。

"马作的卢飞快"中的"的"读什么音呢？有人读 dí，有人读 dì，它到底读什么呢？

"的卢"之"的"，最初是白色的意思。的卢马就是因为额前有白色的毛而得名。因"的卢"之"的"要解释为白色，所以，"的卢"的"的"应该读作 dì。

后记

　　近几年，因为写了几本有关汉字的书，我被人称为"不错老师"，其实，我何止不敢当，简直有些惭愧。只就读错汉字而言，和很多人相比，我读错的次数，不是少，而是多。

　　我大学读的中文系，大学毕业后做语文老师，从教十年后，我又读研，方向是语言学。也许只是因为这些经历，我才有了更多的切身体验，也才能写教人"不错"的书吧。

　　其实，汉字很多，汉字里形声字、多音字、形似字也多，汉字的历史又那么悠久，读错字太正常不过了，谁没读过错字呢？从某种意义上说，读错字一点儿也不丢人。

　　但问题还有另一面。生活中，读错字真的没让你觉得"丢人"过？假如你是领导，讲话时读错了；假如你是语文老师，课堂上读错了；假如你是播音员、主持人，播音主持时读错了……谁尴尬，谁知道。

　　这几年，我为孩子们做的事儿比较多，曾经还为孩子们写了一套书——《不错老师的汉字课》。这套书还算受欢迎，也让我和编辑朱伊哲老师更多思考读错字的问题。读错字的难道只有孩子吗？为什么不给大人写一本书？

两个人想到了一起，结果就是这样一本书的出炉。这本书是写给大人看的，当然孩子也可以读。

有时我会想起著名语言学家伍铁平先生当年给我们说过的一句俄罗斯谚语："用笔写的字，用斧头也砍不掉。"写书时，有时诚惶诚恐，生怕哪里出错，或者哪里说得不合适。但受限于学识和水平，我怎么会不出错，又怎么会说得都合适呢？书里的错误和不当之处，敬请亲爱的读者批评指正。

程玉合

2023 年 8 月于北京